安度人生

每个人都躲不开的创业

王利芬 著

中国出版集团公司
中国民主法制出版社
全国百佳图书出版单位

图书在版编目（CIP）数据

安度人生：每个人都躲不开的创业 / 王利芬著 .—北京：中国民主法制出版社，2020.1
ISBN 978-7-5162-2151-8

Ⅰ.①安… Ⅱ.①王… Ⅲ.①王利芬—自传 Ⅳ.①K825.38

中国版本图书馆 CIP 数据核字（2019）第 281540 号

图书出品人：刘海涛
出 版 统 筹：周锡培
责 任 编 辑：梁　惠　黄宝强

书名 / 安度人生：每个人都躲不开的创业
作者 / 王利芬　著

出版·发行 / 中国民主法制出版社
地址 / 北京市丰台区外玉林里 7 号（100069）
电话 /（010）63292534　63057714（营销中心）　63055259（总编室）
传真 /（010）63055259
http: //www.npcpub.com
E-mail：mzfz@npcpub.com
经销 / 新华书店
开本 /32 开　880 毫米 ×1230 毫米
印张 /9
字数 /249 千字
版本 /2020 年 5 月第 1 版　2020 年 5 月第 1 次印刷
印刷 / 北京世汉凌云印刷有限公司

书号 /ISBN 978-7-5162-2151-8
定价 /59.00 元

自　序

安度人生，才是每个人躲不开的创业

本书的写作是从模糊到不断清晰的过程，其间，我必须将创业十年的经历对象化，将与之相连的人和事客观化，还需要有一种真正不取悦他人、不再向他人证明自己的心态。以这种心态完成写作当然并不容易，但因为有一个强烈的探究自己能力和认知自我边界的动机，再加上时间的沉淀，我做到了。

每一次直面过去都包含着并不愉快的记忆，我翻箱倒柜把相关材料找出来的过程，基本上伴随对自己的责难和高度不满，我会一次次地骂自己"太愚蠢了！"这个过程其实还原了自己，打掉了自己莫名的优越感，加深了对犯相同错误的创业者或者对相似的人和事的理解。

在翻阅旧照时，我顺带翻看了以前在央视的节目和照片。我在央视工作的十五年恰好是中国电视发展的黄金时期，我所做的栏目都在社会关注的焦点上。回看我那时的表情和姿态，让今天的我略微感到不舒服。我知道那是一种从国家话语中心滋生出来的俯瞰大众的优越感，用一句大俗话说，就是一个被权力机关架得过久之后人性被侵蚀过的样子。其实，这种感觉在那些权力较大的机构的工作人员身上都可以轻易找到，那是我心性中不喜欢或者索性说厌恶的东西，它离人性远，离膨胀或者骄狂近。如果不是这十年的创业，有机会看到更复杂的人性和不曾预料的场面，并且摸到了自己认知和能力的天花板，我是很难意识到过去自己有这一面的。

与每一位创业者深交后，我都能感到他们在夜深人静时的无力感，同时也更清晰地感知到他们来自方方面面的巨大压力。这种既无力又倍感压力的状态，如同我们正在经受的经济衰退中的通货膨胀。

每一个创始人都有自己缓解压力的方法，长跑、喝酒、发脾气、练太极、穿越沙漠、爬珠峰，五花八门，不胜枚举。这些选择背后，创业者们不仅是在减压，更是在寻找安放自己心灵的地方。

创业，是一个不断突破创始人脑力、体力、心力、意志力、定力上限的过程，是自尊、自强、自卑、自轻、自贱、自大、自恋、自我膨胀、自我怀疑、自我否定和自我肯定相交替相混合的命运交响曲。

创业十年，我所经历的人和事刷新着我固有的认知，也带给我实实在在的成长。我曾经在创业之初说过一句十分极端的话，“我宁可暴死在未知的路上”。当时能这样说，足见我是多么痛恨那种一眼就可看到坟墓尽头的人生，多么厌恶重复、没有挑战、没有热情的工作。如今回看这十年，收获的岂止是未知的旅途。

我用十年的时间懂得了商业的力量；懂得一家成功的创业公司不只是字面上的来之不易；懂得所有的成功都必须是以血和泪的付出为前提，而且绝大多数情况下付出和回报并不成正比；懂得了一个人的思维方式对人的禁锢深度；懂得了中国社会深层运转的基本逻辑对生存在这片土地上的人的影响。

当然，我得到的并不只是这些观念的刷新，还有对创业和商业的判断。我把自己十年中种种的错误和我了解的许许多多创业者犯的错误进行了化合和提取，找到了把一个公司做大做强的几个基础性要素；经过三届创始人培训实践的检验，打磨出了《赢在中国·创始人特训营》这个产品。这是一个作为创始人和 CEO 必修的专业课程，这是我将自己的研究能力和十年的创业实践相结合的一枚小小果实。这枚果实将作为我本人解剖创业项目的方法，而这个方法并不是站在岸边的观察所得，它更多来自我本人创业过程真实的痛感和切身体悟，还有与众多创业者近距离交流中形成的对于初创企业相对系统性的认知。

当然，我最看重的还是自我认知的提升，因为这是每一个人走向未来的支点。

今天，我看待光芒万丈的事物会下意识去看它的背面，因为背面的东西更接近事实本身，更决定事物的走向。我看一个人说什么的同时，更会看他有哪些不想说或者一直锁死在心里的东西；我比以前更容易区分事实的本身和巧舌如簧的解释，也基本不受那些看似没有漏洞的说理蛊惑；我能看到流利表达中残存在一个人内心的疑惑，振振有词中对灵魂深处恐惧的掩饰。更重要的是，我现在对自己所拥有的、没有的事物或才能，无论怎样努力都不可能达到的目标，都有一个基本的认知；我可以在别人的褒贬中不再有多余的情绪起伏，仍然从容。

世界在我面前一点点还原了它的本色，或者正在接近没有颜色。

我发现，我就像一块石头，被各种角度各种力量修理打磨过后的石头。这块石头知道石头与石头的不同，石头与外界的清晰边界，从小石头变成大石头的可能性有多大。我知道，我这块石头一定没有此前分明的棱角，但是石头的本质并未改变。

我发现，我看待世界的眼光变了，我的包容性扩展了，在不穿高跟鞋时，我的脚步更坚实了。

人生的复盘就是过滤，就是一步步接近自我，而认知自我才是安全驾驭人生的前提。就像我们曾经做新闻报道一样，第一步必须弄清基本的新闻事实，没有这个前提，后面的所有结论其片面性和局限性都可想而知。若自我认知不能接近事实，那么这个人在驾驭人生列车时所有的选择都会出现偏差，前路上的各种机会有可能会被认为是风险，而有些陷阱则会被认为是新的方向。

我认识的一位创业者，他极其认真地反思了自己的创业失败，但他说着说着就变成了自我的赞歌，最后竟把自己说成了英雄，可见在他心里，并没有真正直面过去的事实。没有对事实的客观认知就很难跨过心理的难关。当一个人还十分在意外在的评价时，还期待为自己开脱，他所作的反思除了浪费时间，更糟糕的是又制造了一个走近自我的障碍。

闲下来的时候，我会翻看我的通讯录，有些电话我拨打出去恐怕此生永远不会有人接听了。我曾经打过交道的几十人，因各种原因无法再继续原有的人生，生活就此折戟。这些人中有昔日的同窗，有央视的领导和同事，有深度合作的伙伴，有认识的熟人，有一起切磋过的朋友，还有一些创业路上结识的创始人。他们并没有离开这个世界，而是丧失了人身自由。因各种罪行，他们有的只能在牢狱中服刑度日，有的跑路，消失在世间某个角落，时而惊慌时而落寞地活着。

在 2013 年互联网金融最火热时，先后有两位朋友跟我推心置腹地说，你不要做现在这个在互联网上卖什么视频的事情了，没什么意义，以你的聪明，你要做金融，金融处在食物链的最高端，它才是行业之母，它才能赚大钱。我也认真对待了他们的建议，回来后我把华尔街金融大鳄的传记读了好几部，然后再看了黑石、KKR、TPG 的发展历史，又了解了一下中国几家大的金融机构，这一通折腾后，我还是无动于衷。因为，一件事的成功与否离不开三个最大的要素，一个是市场，这点无可置疑，而接下来的后两者更为重要。凭什么是我，就金融上的能力和性格禀赋而言，都轮不到我，在这个领域有太多比我合适一百倍的人。最后一点是自己的热情，我对金融这个工具和手段的力量是承认的，它创造的价值也是巨大的，但是我内心深处并不热爱，我更喜欢看到一个人的成长，喜欢知识和观念的传播，喜欢价值的创造。如果对一件事情我既无优势又无热情，肯定做得一塌糊涂。

我想起了一位非常年轻的创业者的故事。他在不到十年的时间把一个人的一生基本走完了，然后，他的休止符就画在本是万物生长的一个春天里。

2014 年，互联网金融 P2P 火爆的年头，相比下更显得优米做的那点事情微不足道。这位创业者为了报答我曾经给他的帮助，在赚大钱的百忙中来到我的办公室。当时已经是深夜，他说来的目的就是掏心掏肺地要帮助我走出创业的困境。他不加掩饰地说，认识我时他还只是一个四流大学的毕业生，家里一贫如洗，儿时靠捡破烂度日，苦难的经历让他迅速学会了抓住种种机会。在互联网金融兴盛时，他很快成为了淘金大部队中不亦乐乎的一员。他说他马上要入主一家上市公司，短短的几年下来，实力不知超过优米多少倍。他说在中国不懂资本不行，胆子不大不行。他认为我太保守太不会经商，说到激动之处，他的手在桌上敲了起来。那个动作让我想起几年前他见我时，跟我握手后两只手不知道该怎么放的窘态。如今这只手可以那么自如地敲打着我的办公桌，其成长的确是神速，这当然是短时间积累的财富给了他从内到外不曾有过的自信。他讲那番话时对我并没有什么恶意，他痛心疾首的也只是认为我没赚什么大钱。我理智上是感谢他的，毕竟他来的目的是为了帮我，但听着他的话我有一种世界在变形的感觉，变得我不认识了。我发现创业这件事在他那里完全变成了赚钱，这个唯一的目的可以让他满足，但我还希望有价值有意义，还需要自己从内心热爱。我的创业诉求显然比他复杂太多，要兼顾的太多。他说不赚钱创什么业啊，我也同意创业必须赚钱，但只是赚钱我真的就不想创业了。

他如同打机关枪似的语速让我根本插不上嘴，我耐着性子等他说完。在他停顿的一个当口，我问了一个问题。我说你做互联网金融，风险控制你怎么做的呢？他一听就抬高了声音，说我的观念太旧了。他说先做起来，以后再说，大家都是这样，法不责众。他随口举出了更多创业者某某、某某做得很成功，融了很多轮资，但做法比他还要冒险好多倍。他说那么多聪明的投资人难道会错吗？我的确回答不上来。但我又问，你入主一家上市公司，可你并没有驾驭过一家上市公司啊。他有些生气，说我小看他了，说上市公司没什么了不起，而且他还不需要亲自动手，派一个人操作就可以了。

那天的谈话怎么结束的我不记得了，好像他深夜还有其他约见，很忙，分秒必争的样子，一阵风似的出去了。他往前奔的样子真的好像前面有一座金山等着他。我看着他的背影，半天不想起身，也不想说话。

他的话对我并没有什么改变，我依然忙着那个在他眼里看来赚不到钱的业务探索。此间，听说他买了私人飞机，在慈善晚会上一出手就是几千万，与各种名人的聚会一波又一波，说起大名鼎鼎的人物似乎都跟他很熟，关系很铁。后来，我们的交往越来越少，基本处于不联系的状态。大概是两三年后，我有一件小事要跟他通个电话，电话那头他说觉得我做的业务很稳，风险也小，羡慕起我的状态。我听后很是诧异，问他遇到了什么情况了。他说最近赔了几十个亿，难受。

再过一段时间，我从朋友那里得知，特警部队的近十辆车在夜间停在他办公室大楼前的广场上，他被逮捕了。这个消息并没有给我带来意外和震惊，其实在三年前那个深夜我就有所预感，只是这个句号画的时间稍微长了些。

但我还是为他的命运担忧，他此生的牢狱之灾会是多长不得而知，这个灾难对于一个只有三十岁出头的人来说，还是太大太具有毁灭性了。这样的打击如果用音乐表达，就是一个华美乐章中突然出现的休止符，那是令人窒息的死寂，是个体生命不可承受之重的断崖式垮塌。

其实，人生就是一首协奏曲。

在本书写作的过程中，我一直在用肖邦《第一钢琴协奏曲》作为背景音乐，我在电脑键盘上的敲击声和我喜欢的钢琴曲交织着。二十多年前，我在北大写博士论文期间，也爱用背景音乐，那时喜欢的是喜多郎的新世纪系列。这么多年过后，音乐虽然不同，但写作的快感又重新唤回了，那种似曾相识燕归来的感觉让我找到了用文字弹奏的快感。有时，音乐和我敲击键盘的节奏可以形成几秒的重合或者十几秒的默契。时光在音乐声中有节奏地流走了，而文字却在键盘声中一排排地站起来了，它们仿佛成了我逝去的时间的萃取物，这让我觉得逝去的十年又以另一种压缩的方式重现了。而且，音乐声和敲击声二者形成的合奏还带给我一种难以言传的美妙，有一种久违写作后重新相遇的幸福感，一种稀有的眩晕感。

肖邦的《第一钢琴协奏曲》其实就是一部人生协奏曲。它一开始就像一把泛着凌厉寒光的尖刀，毫不犹豫地插进了历史深处，直捣最关键的情节，然后再纵情演绎。它用弦乐的大部队开山劈岭后，钢琴主角的出场彰显着每一个琴键组合的华美。接着，主旋律才摄人心魄地出场，这是一个极有含量的女主角的出场，她愁肠百转，顾盼生辉。

这位女主角就是那个回旋曲式若隐若现的乐句，每当她不期而遇地到来，都带给我一种梦回精神故乡的欣喜若狂。乐曲所有的急行和迂回，都是在找寻那句让人内心汩汩流淌的乐句。她出现片刻后又悄然消失，在一些激越的旋律过后，终于狠心地似有若无地飘走了。

十年的创业若放进我人生的舞台，它只是人生变奏曲中波澜曲折的部分，我希望它是华彩乐句出现前的铺垫和预备，是人生彩虹前的电闪雷鸣。在肖邦《第一钢琴协奏曲》的下半部分，那句让人神魂颠倒的华彩乐句再也没有重现过。如果只是粗粗听下来，完全找不到她的踪影，但细细品味后，我发现她的魂灵香消玉殒般融进了新的律动中。她幻化其中，变异其中，附体其中，你会感觉她无处不在，如影随形。这就像一条河流汇入大海后，不再惧怕季节性的干枯，你再也分不清哪儿是河水哪儿是海水，她已不是她，但她还是她。

那个让人魂牵梦萦的华彩乐句像极了我们的初心和执念。我们的人生翻山越岭，不就是为了那个被称为心灵归宿的东西吗？随着年岁的增大，那奠定我们人生的定海神针，只会在某个极为特殊的阶段重现，甚至不再出现。因为，岁月带来的沧桑会把它包裹得严严实实，埋藏得越来越深；因为，它早已遁入了我们的血脉，荡漾在周身。

弹奏人生这部协奏曲比起创业来说要艰难百倍，做公司式的创业仍然只是一种职业的选择，尽管这个职业在很多创始人创业维艰之际占领了他们生活的各个角落，甚至梦里。但是，在人生的这个大维度中，它只能是局部而绝不可能成为全部。

每一个走到中年的人，或多或少都会感到驾驭人生的吃力。我们都会面临初心的美好与现实刺眼的不协调，我们都会有人生走到中途后丧失梦想的恓惶。在面对父母衰老时，我们会有无力回天之感；在面对孩子叛逆时，则会茫然无助。我们有自己白发频添时的心悸，有对现实环境不满却又无法改变的苦闷，有未竟事业延宕中希望与无望的纠缠，有置身人群中的倍感孤寂，有处于舞台中央的心绪不宁，有翻过层峦叠嶂的群山后前方此路不通的惊愕。

我们在恪守道德底线而前路困境重重时，却屡屡看到无耻之徒总能找到各种机会，大摇大摆在我们眼前走过；我们越走近一些人和事的真相，我们就越怀疑自己某些艰难的恪守。社会、机遇、人生、行业变革、技术创新、开放、改革、体制、趋势等这些宏大的词，以难以置信的方式嵌进了我们的个体生命，我们得益于它又束缚于它。斜晖脉脉里，我在问，走哪条路才是对短短人生最好的交付呢？江水悠悠间，我在想，哪里才是我们最好的归途啊？我们时而确信，时而又游移，大潮的百舸争流中，属于我们的那只帆船为什么总是“过尽千帆皆不是”？我们奋斗向前的勇气一而再地冉冉升起，却又因心力不支而每每滑落，生活的种种难题才下眉头，又上心头。

1994年也就是二十五年前，我即将毕业入职央视时，曾带父亲走过央视大楼前的那条林荫大道。那时他神采奕奕，尽管他退役了几十年，但大踏步中仍能看出一个军人脚步的有力。二十五年后，他即便推着助步器也只能行走百米。时光流逝的无情，生命的与生俱来的脆弱本身就有一种让人难以释然的紧迫和恓惶。

时光飞逝，不舍昼夜。它的不间歇让人有时会发疯似的要留住它，而当这个念头升起时，它又大踏步向前了。

只要是晴天，父亲每个正午间都会坐在窗前晒太阳，冬天更是如此，因为人生到了晚年越来越需要外在的能量补充。他的窗前有一栋楼。有一天他不经意地说，太阳到了十二点时，正好会经过窗前那栋楼的左上角，过了楼的右上角就下行了；他说下行的速度比上行快多了，太阳很快就到了西边。

他家常似的自言自语却震动着我。我当然知道太阳会西行，会落下，黑暗会到来。这段话让我注意到一个平日里忽略太久的事实，十二点，也就是正午，太阳就开始下行了。而在我的印象里，下午好像还有很长呢，太阳火辣辣的感受还要维持很久呢，难道十二点就下行了吗?

是的，十二点就下行了。

升起和下行都是太阳运动的轨迹，人生亦如此，它就像音乐的起伏。但人生需要的是一个完整的乐曲，而不是某个乐章甚至是乐句，哪怕是华彩乐章和灵魂乐句也不行。

太阳落下时，日间的种种喧嚣一点点沉入大地，暮色渐渐加深，暗夜蔓延开来，在我们眼前形成了一道黑色的天幕，它把我们从不得不面对的现实中隔离开来。夜深人静后，蓦然回首时，灯火阑珊处，我常常看到这样一句话：

安度人生，才是每个人都躲不开的创业。

2019 年 10 月 10 日

目 录 CONTENTS

第三章 chapter 3 我到底是否适合创业

第四章 chapter 4 创业十年的复盘

引　言

从创业赛道的解说员到参赛者

十年前，离开央视的最后一道手续是我要把进门证交给台里，那个动作意味着自此之后，我不可能再回来工作，如果没有央视的同事出来接的话，我连门都不可能进来。在踏出卫兵持枪站岗的大门时，我下意识地放慢了脚步，在门口正中间停了下来，我缓缓转过身去，回看那栋我进出了十五年的央视办公大楼。

原中央电视台（后改为中央广播电视总台）

原中央电视台办公大楼主楼

那是个阳光明媚的上午，十一点多钟，光照热烈。我抬头时不得不眯起了眼睛，那栋在建筑上并无特色的长方体主楼在碧空下显得很是威武，这个威武感也许并不完全由建筑物产生，它有一些来自我心里的感受。

天蓝得高远深透，没有风，不像十多年后要靠大风吹散雾霾才有蓝天。在很长时间里，我眼前的那栋大楼如同一艘航空母舰，而作为记者的我们，就是那一次次奔向采访一线起降的战斗机。

刚进电视台的我，热血荡漾不知疲倦，上刀山下火海在所不辞，身上似乎装了个永动机。记得有一次讨论选题，一个边远山区教育机构拖欠老师工资，事发地点在一个山沟，交通极不方便，我表示即便不通车也可以扛摄像机的架子爬山。与我同行的摄像记者大我几岁，已在央视工作好几年，他白了我一眼示意不行，后来我才知道，即便我能搬摄像机的架子，他也不可能背着当时还死沉死沉的摄像机翻山越岭。这个情境在我的记忆中常常回放，每一次都伴随着自己的哑然失笑，笑自己的天真，更追忆的是人到中年后不可能再有的雄心。

十五年中，每一个节目正点播出的时间就是无声的指令，十多年也足以将熬夜、加班、没有节假日的生活变成一种理所当然的习惯，以至于我创业后发现，即便最拼命的员工与我们在央视的工作强度相比也不在一个量级。那时的我，再累再苦睡一觉就可以满血复活，然后又会充满激情地投入一个又一个节目中。记得 1997 年我参加江泽民主席到美国的国事访问报道，采访期间的半个月里，没有时间倒时差，每天只能睡三四个小时。回国时，坐上飞机闭上眼睛就睡着了，睁开眼时飞机竟然已经降落到了北京。后来无数次出国，我都希望重温这样的情景，以便下飞机后就可以工作，但都没有如愿，因为后面的任何一次出国再也没有累到那个程度。

十五年间，我似乎很少像现在这样将流逝的日子作为对象来仔细打量。此前，时间好像是一个大得无边的容器，可以装下我青春能量的任意释放，直到有一天，生命会用一些明显的迹象提醒你，你才觉得青春时日剩下无多。

在我离开央视前几个月，有一次等待领导看片时，我去了趟卫生间。平时洗完手我会习惯性地快速出门，因为下面要忙的事情总是很多，但那次需要等待，所以我在卫生间的镜子前多站了一会儿。这一站竟然发现头顶有一根白发，我以为是反光，挪动了几个角度，最后确认还是白发。我顺手拔了下来，再细看头部

1997 年作为《新闻调查》记者，我在美国白宫前报道江泽民主席访问美国，照片由新华社原副总编辑刘江拍摄。

其他地方，很快发现拔掉白发的举动完全是徒劳的，因为头发深处还藏有不少，而且它们的量级并不是可以用手拔尽的。我呆看着镜中的自己，那是一张不再年轻的脸。一种说不清的情绪在周身摇荡，好像一个快跑的人忽然发现一个障碍物横在脚下，惊慌中跨过后虽没有跌倒，但猝不及防的心悸却蔓延了好一阵子。

进门时青春无敌，离开前偶现白发，在那一刻，岁月飞逝带走青春的伤感重重地袭上心来。

在央视的工作中，除了制作人和管理者的角色，我还做了主持人。因为主持人需要长时间在镜前化妆，应该说有大量时间注意自己的形象变化，但常常是化妆师工作时，我根本没时间看镜中的脸，手

1998 年作为《新闻调查》记者，我在安徽小岗村采访

里不是拿着稿子要熟悉，就是跟不同的人交代各种各样的事情。如果我不主持节目，完全是素面朝天，洗把脸就可以出门，即便做《焦点访谈》《新闻调查》，采访和在外景地出镜时都不化妆。有一位老摄像同事曾劝我说，现场报道出镜前如果用清水洗一下脸，拍出来的效果会好很多，我接受了他的建议。但现场报道不可能每次都有洗脸的条件，有时还有时间上的要求，根本无法做到外景出镜前洗个脸。所以，我平日注目在镜前脸上的时间少之又少，严格来说，是静下来的时间少得可怜。

有意思的是，这种宁静在我离开的那个上午，在央视的东门口竟然出现了。

我记忆中的央视东门口少有宁静时刻。它总是车水马龙，人来人往，进出门时常常还会碰到一些同事，门口也经常会有一些上访不成

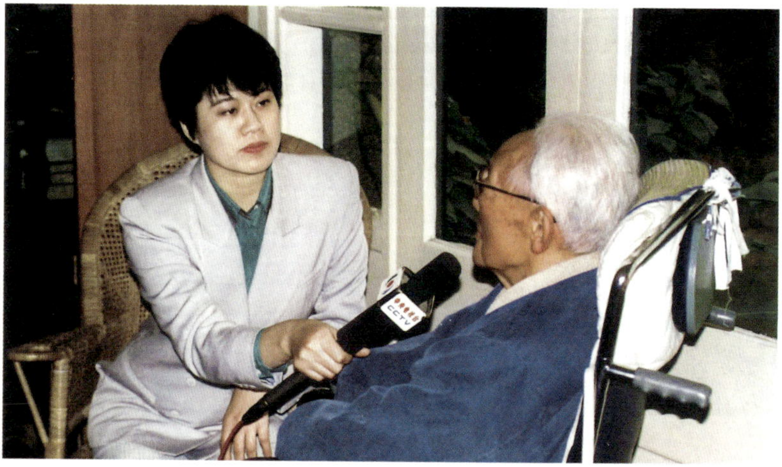

1995年作为《焦点访谈》记者，在上海巴金的家中采访

索性睡在大门两旁的人。记得有一个傍晚，接近下班的样子，我因为值晚班，车正好开进电视台东门口。我看到一个妇女就睡在央视东门口的墙边，地上铺着的被子又脏又破。她身边有两个很小的孩子依偎着她，一个小男孩的小脚还露在外面，那是个冬天，被子角上散落着路过的人给的零钱。这个场面很刺眼，我想停留一下，拿些钱给他们让我心里好受一点儿，但当时已接近《经济信息联播》直播线六点半上班的时间，直播线的上班时间是死线，我没有让司机停下，车也就很快开进了东门。那一幕很久之后我仍然清晰记得，那天晚上十一点下班时，我心里仍有不忍，特意看了看东门口左边，但他们已经走了。

在我离开央视的那天，门口没有那样的妇女和孩子，也没有嚷嚷

1996 年作为《焦点访谈》记者，我与央视原摄像记者凌泉龙去四川山区的麻风村采访

找《焦点访谈》记者的上访人员，没有车来车往，没有熟人。高远深蓝的天上没有云，明媚的阳光里没有风，站岗的哨兵挺直着腰板一动不动，一切就像按下了编辑节目时的暂停键。

是的，我作为一个传统媒体人的职业生涯被我主动按下了暂停键。

我身边那个笔直站立显得有些威严的哨兵强烈地提醒着我，这个地方不容易进来，平日里拜访的人进门难，成为这里的正式员工更难。

在我加入央视的 1994 年，据人事处的管理人员说，他们当年收到的简历堆成了小山，有一千六百多人，最后能进台工作的只有二十六名，录取率不到 2%，这比今天全世界最难进的大学录取率都要低。当时我有幸被央视人事处长亲自面试过关，据说我还是被央视录取的第一个博士。

1993 年我在北大宿舍写博士论文

当时一心要投入社会热潮之中的我，加入了代表着中国电视锐意改革的先锋团队——新闻中心评论部，成为了《东方时空》《焦点时刻》《新闻调查》栏目的编导和记者。

进央视的缘起是我在北大读书期间，偶尔在电视里看到《东方时空》栏目引发的热望。当时的《东方时空》栏目带给我一种在学校待得太久后对火热生活的向往，对立于社会潮头、走南闯北、伸张社会公平正义的记者这一职业的羡慕。尽管我当时看的那台电视机是黑白的，但我还是感到了未来作为一名职业记者生涯的色彩斑斓。

其实，所有产生向往的人和事都与陌生感相关。十五年后，当我再站在门口时，不仅没有陌生感，而且，我发现自己对这栋大楼有一种太熟而无法焕发热情的疲惫感。我熟的不仅是每一层楼，不仅是它们的功能和模样，而且是里面的作业程序、运作手段和决策机制。

熟了，就不再向往了。

站在央视东门口看完主楼后，我把眼光移向了央视大院外。那是靠近长安街由两排高高的北方青甘杨组成的林荫道，记得我从北大毕业前，特意带父亲一起走过那条路。树长得又高又密，为了看清那栋央视主楼，我还特意走到一个树叶稀疏的地方，扬起头指着它兴奋地说，我毕业后要来这里工作。父亲顺着我手指的方向看过去，仰着头认真地看着那栋并无太多特征的大楼。他满脸笑意，很是满意，我想他眼里一定看到了我希望的未来，因为中国最权威的声音都是从那栋大楼里发出的。

自那次仰起脖子看过那栋大楼后，我好像再也没有在远处专门看过它。十五年后站在门口跟它告别时，回想起来，竟是第二次这样打量它，这感觉像极了从美国到中国的飞机上一闭眼一睁眼的工夫。

顺着高大的青甘杨树向左看，那是汽车日夜穿梭不息的长安街，往西是公主坟，再往西是五棵松，然后就是八宝山公墓了。在长安街上行走时，我常常会想，如果我继续留在这栋大楼里一直工作到退休，接下来要负责的栏目就有点像去八宝山前的几个站点，既有限，也没有太多的新奇。不知为什么，我竟然莫名其妙地将我接下来的工作与八宝山联系了起来。

在央视的十五年里，一个节目从诞生到红火的过程我经历了太多次，它已经不再吸引我，也不能激发我的热情。待在原地打转式

原中央电视台东门外的青甘杨树

1994 年我与当时的中央电视台主楼合影

的重复和机械式的工作环节对我来说有些乏味，有时还会有一种窒息感，如果继续下去似乎死亡之神也离我很近，近得伸手可及。这种情绪在静下来时着实带给我侵扰，一种从未有过的恐惧有时会袭上心头。

接下来的日子，我几乎天天都在想，怎样能让我去八宝山的时间变得远一点，有变化一点，不那么一眼见底，不那么伸手可及。我有时甚至会想，哪怕有那么一些意外出现也比待在原地打转好。

除了上述的情绪，事实上，重生的希望是我离开最主要的原因。

就在我向央视告别的门外，中国互联网的发展已成燎原之势，新媒体的威力已经让电视这个曾经最强大的巨无霸逐渐失去年轻的观

原中央电视台主楼前的公主坟

众。无论是广播报纸还是电视台，记者们都在网上找选题，所报道内容有一些已晚于网络，新媒体的快捷性和灵活性让传统媒体显得空前迟钝和笨拙。

电视这个媒介的衰落其实在多年前就已经出现。2005 年，我在美国智库布鲁金斯学会做访问学者期间，走访了美国五大电视网，在那时我已经看到了这个行业衰退的趋势，这个趋势在中国一般会延缓几年。所以，2009 年年底我离开时，对电视媒体的不景气我并不吃惊，我吃惊的是一个崭新的互联网创业群体在中国崛起的速度。

从事互联网这个职业的年轻人与我此前看到的商人完全两样，他们不必向政府部门要资源，也不必陪酒拉关系，不必求人，他们身上没有我脑海中原来个体户辛酸悲苦的模样，也没有长期作为乙方的那种委曲求全的身体语言。相反，他们因拥有当时绝大多数中国人还看不太懂的互联网技术的武装，有着心理上的优势。这个新生代群体在中国改革开放的舞台上，在互联网发展带给社会静悄悄但却是翻天覆地的变化中，找到了一试身手的机会。一些在人群中看似稀松平常的个体开始变得独特，进而有着不同凡响的价值。

更重要的是，互联网的发展代表着时代之河未来的流向，对于我这样一个在大的传统平台上待得太久的人，它不是一般的吸引力，而是一种魔力。那时，我对于互联网创业的看法虽模糊，但是，越不清晰，向往就越强烈。本来我当时正在经受生命中一眼见底的恐惧，眼前那条充满变化和不确定性的创业之路，理所当然也就成了一个最接近我心中所想的机会。

我甚至没有告诉家人我的这个大胆的决定，我很清楚他们的想法以及想法背后的理由，我没有时间一一劝说。况且，我内心酝酿了那么长时间的事情也很难在短时间内表述清楚，我希望没有任何干扰因素出现在面前，我要快速投入新生活。

离开的路，其实就是自己直接跳到水里，只不过那个水在我眼中宛如一条波澜壮阔奔流不息的大河。河面上千帆竞发，百舸争流，我要做其中一条小船。

但有意思的是，我既不会游泳也没有备船。

离开央视前，我的经历很简单，就是小学、中学、大学、硕士、博士和在大学教学的经历，工作单位就是央视。十五年中我做了新闻深度报道、演播室谈话节目、访谈、经济新闻直播、新闻专题、真人秀、大型晚会，等等。这些节目品种看似五花八门、眼花缭乱，其实只打造了我的一种能力，就是传播力。

什么是传播力？传播力就是观察力和表达力，但这两种能力与做一个创始人所需要的能力相比完全不可等同。创始人需要更综合更全面的能力，特别是抓住商机的能力。也可以说，观察力和表达力这两种能力是创业中的局部能力。当然，这些也是我创业好几年后才意识到的。

但我当时非常自信，因为，在过往的人生经历中，我所设立的每一个目标，凭着执着和努力都可以实现。我可以跨专业、跨地域、跨学业、跨行业进行职业发展，依照这个逻辑，这次我从一个媒体人到创业者的跨界也会顺理成章地完成。而且我以前做节目的过程中，除了《焦点访谈》和《新闻调查》的五年记者经历，也曾有过近十年或多或少与企业家打交道的经历。

我在担任《对话》栏目制片人时，每做 CEO 都需要几个小时大剂量的访谈，那样的 CEO 我采访了上百位。《经济信息联播》中，企业家天天出现。尤其是《赢在中国》中，创业者更是见过成千上万。特别是在《赢在中国》这档创业节目中，我和企业家、创业者同处一个场景，讲的内容都是创业。作为主持人，我每集节目必须根据现场的观察进行总结，当别人认为我总结恰当时，我会有一种错觉，好像我在创业上懂得多一点，离创业也近一些，现在想来很好笑。因为，报道创业和真正自己创业是完全不同的两件事情。如果打个比喻的话，我与创业者的区别就像一个站在岸边的帆船比赛解说员与帆

2000 年作为《对话》栏目制片人在切换台前

《对话》节目开场前，坐在最左边的是美国营销大师菲利普 · 科特勒

2008 年作为《我们》栏目主持人在演播室切换台前

2005 年在瑞士达沃斯论坛期间与参会代表合影，从右到左依次为：马云、朱云来、吴鹰、田溯宁、杨元庆，我右手边的女士为美国独立制片人刘白芳。

船赛手的区别。因为长期站在岸边，我觉得自己了解了河流，了解了比赛，其实不然。

本质上，一个解说员与赛手是两种不同的职业，需要两种完全不同的能力，是两类不同的人。有意思的是，受火热生活鼓舞的解说员不想只做解说，竟然要下河参赛了。

解说员下场比赛会是一个什么结果呢?

第一章

chapter 1

创业十年的业务探索能力

2010年优米网上线这一年，中国互联网已历经十一年的发展。互联网所带来的变化，其实是创业者面临的最大风口。在过去的十一年间，纯线上的创业机会有门户网站、游戏、视频网站、搜索、社交软件、导航网站、电子商务、社交媒体、网络安全等，这些机会带来前后几十家在美国的上市公司。这些公司都是在恰当的时间窗口满足了基本靠线上互联网工具就可以解决的需求，这就是当时互联网所面对的最丰厚和最广泛的需求金矿。但创业之初，我对于互联网产业哪怕是这样粗浅的分析也没有，当我要死要活一头扎进互联网创业的河流时，不要说了解这个产业，就连它发展的基本脉络也没有时间梳理一下。

这个基础性认知的缺失，带来创业后几段无疾而终的业务探索。

2009年秋天，马云约我去参加阿里主办的活动，当时我已经决定离开央视，我想告诉他并希望得到一些指教。在杭州西湖边的一家饭店里我们一起午餐，我把要离开央视的想法告诉了他，他当时的表情有那么一点点吃惊，然后问我要做什么，我说你做了淘宝网，我想做一个淘脑淘知识的互联网平台。那时，有太多的人都希望通过互联网这个平台来实现一些此前没有技术手段支撑的念想。在2019年中国互联网前一百强揭晓之际、阿里巴巴位居第一时，再来回顾当初的话着实让我脸红，实际上当时我对互联网平台和淘脑这个产品怎么设计都十分模糊，也可以说不着边际。接着我还说许多人生前会在各行业积累很多经验和独特的知识，如果去世之前没有挖掘并传授出去，最后带进坟墓就太可惜了，我就是要用互联网把它们保留下来。他静静地听着，没有多说什么，2009 年的马云即便从 1999 年创办阿里算起也有十年，如果要从他做海博翻译社开始算，已创业十七年了。他以一个创业老兵的见地，一定知道我说的是一件多么不靠谱的事情，但他并没有直接否定我这个无中生有的创业项目，而是把聊天的话题切换到了他正在做的事情：他的云计算布局。

2009 年云计算还处在早期，我根本没有听懂，但那时正是淘宝打败 EBAY 之后阿里巴巴蒸蒸日上的时期。看着他飞扬的神采，我就在想，只有创业才会给人如此向上的精神面貌，那时的我，像是拿了个创业的锤子，看到的所有人和事都是钉子。

我那个大而化之的淘脑网创意，还获得了马云个人的投资。幸运的是，在 2011 年年底，马云、柳传志和史玉柱三位优秀的企业家一起成了优米的股东。我在收到马云的钱后竟忘了回他一个谢谢，还是他来了个短信催问有没有收到钱时我才想起。

之所以忘记，是因为刚刚创业我的确处于一个疯狂的工作状态。我基本上是早上进办公室，深夜出办公室。白天一整天经常忘记喝水，回家时嗓子也干得冒烟，有几次不知道为什么难受，后来才发现是渴了没有喝水。由于白天工作一天说话太多，嗓子经常丝丝刺痛，带着疼痛还必须赶紧吃安眠药入睡，否则，完成第二天早已排满的日程一定很吃力或者效率很低。

创业生活如同高速奔驰的列车，窗外的风景唰唰掠过，日子也过得飞快。似乎一下子就到春天了，一下子感到衣服穿多了又到夏天了，然后发现风变凉了又到秋天了，再发现外出要穿更多的衣服，因为已

2012 年马云来优米办公室

经到冬天了。

丈量时间的不再是春夏秋冬，而是什么时候网站改版上线，什么时候节目开播，什么时候项目完成，什么时候 APP 在应用商店出现，什么时候哪个重量级人才加入，什么时候收入达到一个什么节点，什么时候跟什么机构达成一项合作，什么时候产品上线要开一个发布会，什么时候由我们主办的论坛开讲，什么时候哪个投资机构进场尽调，这些都是当时我在日历上标注的重点，当然也是不可能被其他事情挤占的时间。这些重点把我一年又一年的时间切割开来，无声息地牢牢占领着。

每一年我都讨厌节日的来临，本来在央视工作的十多年也习惯了不过节，但创业时必须得过，因为员工要过。似乎一个节刚过完，又要放假过节了，特别是春节，员工如果前面请几天假，后面再请几天假，二月份的工作推进基本就指望不上了。每一次放假，都需要把正在进行的热火朝天的工作暂停下来，放假后再回到这样的状态又需要好几天。我甚至希望一年之中最好没有假日，这样我们可以全力以赴创业了。

雾霾来袭，风来散去，我的日子除了日历上这些重大事项，其他的都如浮光掠影。有一天早上，因为伏案过久脖子疼，我早起后在阳台做操减缓疼痛，突然看到阳台墙面上爬山虎的叶子变成了红色。在初升的阳光中，它的明暗对比和枝叶的错落构成了一幅很美的图画，长时间吸引着我的视线。我这才想起，几年来，其实每年的这个季节这面墙应该都会这么美，因为爬山虎十多年都是这个样子，只是我此前无暇顾及，视而不见。

有几次我随便坐在一个地方，只要是稍稍静看一下，就会发现一个很熟悉的物件竟然那么美，竟然会有那么多我不曾注意到的细节。这些体验让我不仅觉得日子过得粗糙，而且进入了一个根本不可控的黑洞状态，一个有些可怕而且我此前完全没有料到的状态，我怕这样的日子没有尽头。

对创业者而言，无论你掌管的是一家不起眼的小公司，还是三五年内迅速长成的大公司，你都会身心疲惫，如果你公司的业务迅速增长，你忙碌的程度会成倍地加剧。

2012 年夏天，我去望京拜访雷军，时间安排在晚上九点左右，我们谈完已经十点多了。雷军送我出门时，他说后面还有几个会，我暗暗吃惊，心想再开完几个会那几点才能睡呢？当时已忙了一整天的他，

红叶照片

脸色焦黄，没有血色，因为出汗有几丝头发耷拉在前额，眼里尽是累，浑身都是疲惫。我瞥了一眼，在他身后是一堆没有拆开的邮包挤靠在他办公室的一面玻璃墙边，而在门外是无休止的事情。2012 年，我跟朋友一起参加了一次他的生日晚宴，即便在餐桌上，他也是手机不离手，完全是一个工作狂的状态。

小米当时的办公环境较差。从雷军的办公室出来时，我发现大开间里小米的员工多半还在埋头工作，没有一个人抬起头，走道间任何走动和声音都不会影响那些人，他们的状态似乎离下班还很早。办公室闷热拥挤，到处都是人，热闹声音从一些角落时不时传来，有几个员工在电梯口玩着一个球台样的模拟足球方桌，这应该是他们难得的

2012年雷军在他的生日聚会上

放松时刻。整个办公空间空气稀少流动不畅，卫生间要等好一会儿才有位子，办公室有几处走路都要侧着身子。在几个转角的地方，我看到了不到两尺长的小桌子，那显然是新来的人没有地方安排，临时找的桌子，我当时还奇怪在哪里可以找到那么小的桌子。

雷军的合伙人黎万强更是拼命三郎。有一次我带新媒体团队去小米跟他交流，他快速走出办公室的一刹那，动作很快，身体很是轻盈，似乎一跃就从办公室出来了。我跟他交谈中，发现他的一只眼睛与另外一只相比暗淡了许多。临走时，我请他一定要注意身体健康，过了几个月，就传出黎万强要暂时告别小米休息一阵。

在黎万强离开小米前，我请他与我们管理团队吃了一顿饭。那是个初冬，当天并不是很冷。他步态迟缓，头上戴了一顶很厚的布帽子，从餐厅走道的另一头向我点头憨笑着，看上去暮气沉沉，眼前的他完全无法与此前跃出办公室的矫健身影相比。我一边打招呼一边吃惊，过去那个充满活力、睿智灵动的黎万强似乎不复存在，而是一个迟缓怕冷的中老年人在我眼前出现，其实，他当时还不到四十岁。

休息了一年多后，黎万强在今日美术馆做了一个“一花一世界”的摄影展。与大自然的亲密接触，让以前那个灵动的黎万强好像又回来了。在开幕式上，雷军发表了简短的讲话，就匆匆离开了。他依旧一脸菜色，看得出心中揣着的事情无数，浑身上下与美术馆那个闲情雅致的氛围格格不入。我相信，在黎万强离开的那段时间，他只会更忙更累。

不久后我想请雷军参加一个节目，电话中他说每天凌晨三四点才能睡觉，完全没有时间，请我理解。作为创业者，我再理解不过，平日里我们偶尔有一天熬到凌晨，接下来的几天里身体一定会很吃力，效率也会大打折扣。但对于雷军来说，这样透支健康的生活并不只是一天，自从他创业以来，他太多的日子就是这样。

小米如此奋斗的结果就是公司的飞速发展和声名鹊起，这带给了雷军团队上上下下一种特别的价值感，人虽累，但得到了社会的认可。但对于我们这样一个不断试错、业务增长仍然缓慢的公司来说，除了消耗身体透支健康，还有一种价值未完全实现而说不出的沮丧，它是那种并未实现心愿的身心俱疲。

从创业开始，我一个猛子就扎进了那条让我魂牵梦萦的互联网大河，在 SOHO 现代城的办公室内轰轰烈烈地干了起来。

现在算起来，围绕着我那个淘脑的想法，我们一共进行过七次不同形式的业务探索。

1. 淘脑网

我创业之初最想做的就是那个淘脑网站，一个今天叫作知识付费的平台。我先是招了一批大学毕业生，一共六十多人，他们个个如我一样，摩拳擦掌，额头放亮，热情冲天。最早的优米成员就是由这六十多名大学生和做节目的电视编导组成，与其说是团队，还不如说是一群被励志过、激荡过、热情有余而没有方法和实现路径的困兽。多少年后，我曾经在许多场合说过，有热情没有方法和实现的路径就是一个灾难，无论是对个人还是团队。

当时我一边指挥网站的产品开发，一边让电视团队的同事去培训学生找客户。没有人懂销售，更不懂销售管理，大学毕业生们个个害怕出去找客户，怕与陌生人打交道，于是他们联名给我写信，说是希望用团队作战的形式出门销售。实际情况是他们怕单个出门被拒绝，而抱团则让他们可以减少这种恐惧。几乎所有刚毕业的学生都给我写了这封信，最后，他们终于可以结伴销售时，仍然是一无所获。因为没有销售源头，学生们也没有被培训，当时管理人员也并不比他们懂得多，后来，好不容易找来的几个客户，还因为互联网产品的体验极差而又走掉了。

为什么产品体验那么差呢？因为我不懂技术。我托人找了一个名牌大学毕业的技术负责人，他有过开发网站的经验，水平也应该不差，但一定坚持年薪百万。因网站上线在即，只好答应他。

百万年薪的技术人才，给员工造成了极大的困扰，所有人跟他的交流都不能顺利进行。如果员工有技术问题找他解决，他会严肃地说，你没看我正忙着吗？请你过一个小时后再找我。有一位被他拒绝的员工告诉我，他那一个小时根本没有什么正事，只是在贴他打车上下班要报销的发票。

后来我才知道，他之所以不当时解决问题，要人家等一个小时，其实是希望别人尊重他，用这种方式树立他的所谓威信，让人拿他当领导。我听后哭笑不得，只好请他离开。

写这本书翻看旧物时，我还发现了这份百万年薪的合同，十年过去，再面对这一合同时哑然失笑。

他走后，我又请了一位我在哈佛大学肯尼迪政府学院培训时懂技术的印度同学，他的开发团队远在班加罗尔。他来北京时远程指挥他在班加罗尔的团队，在印度时同样用远程的方式指挥我们在北京的技术人员，中间因为信号的不畅和种种不便不知浪费了多少时间，而且，我们要用美元付他们开发团队的费用。

这样的折腾当然不会持久，我们只好再找技术团队接着开发。经过日夜努力，我们开发的产品是一款提供给客户在线学习的虚拟教室，但使用时不是没有声音，就是视频不流畅，回音不断，连持续五分钟的稳定性都不可能实现。

其实，当时在线音视频的技术发展水准根本实现不了多点实时互动，这也是我后来请教业内人士才明白的，但我们的技术负责人不知是不想告诉我还是他自己压根也不知道，反正他们一直在努力地开发着。要命的是，我们好不容易说服了一些用户交钱，人家的电脑又没有摄像头。为了留住用户，我们就买了一批摄像头，发给我们新招的大学生，让他们去送给那些有意愿购买我们产品的用户。结果不到一周，几十万元买来的摄像头全被送完了，而获得的客户却很少。

这个短命的淘脑网在上线的内测阶段就关闭了，按当时我们试验的这个结果，达到理想的技术程度，实现流畅的视频在线学习，可能还需要很久很久。但五年之后的 2014 年，一家连接海外英文教师和中国小朋友学习英语的网站，就实现了点对点视频教室的大规模使用。这个技术手段跟我们当初的设想完全一样，也就是说五年后，这项技术才完全成熟。这个事实告诉我们，即便当初执着下去，前五年的技术成熟度基本不可能支撑我们想要开发的产品。

初次创业如果没有懂技术的人一起合作基本不可能懂得这些。我曾拜访过一个文创公司的创始人，他的公司很有影响。他当时从事的就是传统的影视制作业务，在声势浩大的互联网浪潮中，也下了很大的决心从事互联网创业。因为当初如果不是互联网创业好像就不入流，也会被人误解成不了什么气候，甚至不做互联网创业的人跟人家介绍自己的公司时，总是先说一句“我做的是很传统的产业”这样的开场语。

在当时，创业这个词似乎与互联网创业画上了等号。那位其实在文创界很有影响的朋友也在众人的裹挟下走上了互联网的创业之路。有一天他公司的服务器全坏了，所有素材和数据全部毁了，再也找不回来了，他一筹莫展，欲哭无泪。由于他的损失太大太惨重，教训足够深刻，他从此再也不敢碰让他做噩梦的互联网，这倒反而救了他，因为，他后来经营的内容公司发展到了几百亿市值。

一个不懂技术的人要在互联网行业创业，必经之路就是找一个可靠的合伙人。但当时我不明白合伙创业是互联网创业的必经之路，当然，这些都是后话。

淘脑网折腾的时间并不长，几个星期后，我们很快调整了方向，回到了自己熟悉的领域，改做一家网络电视台。因为这样在内容提供上做的还是我们的长项，同时也兼具了互联网的特性，至少我们还在互联网创业这条大河上。

2. 优米网

淘脑网关闭后，2010 年 3 月中旬，优米网上线了，上线当天在全球中文网站排位竟然接近 600。这个结果让我们隐约觉得，在上线之初，我们就在互联网创业这个领域小有一点位置，要知道当时创业的网站可有几百上千万。当天网站还因为流量过高，一度出现过服务器宕机的现象，面对这样的结果大家依然兴奋，因为隐约觉得未来一定会做出一个有影响力的网站。

优米的 LOGO 用的是银杏叶的一个抽象图形，这是因为北大曾经是我在少女时代给自己许下的一个梦，我通过自己努力终于实现了。北大有一棵每到秋天让我流连忘返的树，就是北大行政办公楼前的那棵最大的银杏树。秋天的落叶和夏日的繁盛给我展现了生命力最好的形象，在秋天一地的黄叶中，我常常坐在它的树根旁，看阳光在树上叶上的光泽。创业后公司在需要 LOGO 时，我首先想到的就是银杏的叶子。我希望我的事业可以像那棵树一样枝繁叶茂，也希望我创业的梦想如同我上北大的梦想一样可以实现。

但有意思的是，当时我们并不知道要做一家什么样的网站，核心用户是谁不清楚，只模糊地知道是年轻人，也不清楚产品是什么，当然也就更不知道卖什么。我们的口号是助力年轻人成长，它不仅大而无当，毫无针对性，听起来更像是一个不着边际的公益网站。还有一个最关键的事实我也并不了解，2010 年的上半年，媒体成为平台的机会其实已经没有了，而我们竟然还在这条路上全力以赴地拼了两年。

我佩戴的胸针

根据北大西门银杏树叶设计的优米 logo

早在 1999 年就兴起的门户网站，经过十年的迅猛发展已是新浪、网易、搜狐三分天下的格局，后来腾讯以社交通信的用户优势和实力成为了第四大门户。到 2010 年时，几大门户的竞争已经迭代到了社交媒体争抢第一把交椅的酣战。当时，从门户中又溢出了几家视频网站，2006 年优酷等几家大的视频网站也相继上线。

也就是说，优米在这个赛道上基本没有任何机会，但当时我们完全没有看清这个格局。即便我们的网站排位再靠前，前到 100 位也不可能靠广告来养活公司。当时，几家大的视频网站平台背靠 BAT，基本成为了 BAT 生态中的一环，所以视频网站本身经得起亏损。爱奇艺财报显示，八年后的 2018 年，爱奇艺总营收达到 250 亿元人民币，归属于爱奇艺的净亏损为 91 亿元人民币，而更早上市后被阿里巴巴收购的优酷以及从一出生就在腾讯麾下的腾讯视频，虽未披露具体数据，但也都公开表示过仍在亏损。

不到两年时间，我们发现了网络电视台同样是条死路。对于创始人来说，创业开始就有能力做行业和产业深入分析，并且对赛道优劣有判断是不现实的。它要求创始人脑中有一个产业和行业的大图，同时创业还必须从用户需求这样的小着眼点出发，这其实是兼有点上起步和大图思考的能力。这一点对所有的创始人的要求都太高，能做到的创始人多半得益于投资机构的帮助。

阿里巴巴发展之初有一个小故事可以说明这点。2002 年，马云带团队去日本，去机场准备回国的路上，接到了投资人孙正义的电话。孙正义问马云在哪里，并且让马云尽快去他的办公室，其急切程度毋庸置疑，马云只得改机票去孙正义的办公室。一到办公室，孙正义就告诉马云，B2B（机构对机构）的本质其实就是 C2C（个人对个人），所以希望马云尽快做 C2C 的网站，否则未来没有前途。接下来就在 2003 年春天，一支由孙彤宇率领的人马就住进了湖畔花园马云的家，开始了 B2B 后的重新创业，这份创业就是后来奠定阿里巴巴这家传奇公司业务裂变支点的淘宝网。

创办淘宝的决定很难说就是孙正义的提议，它当然离不开创始人马云对行业的深刻认知，但是，孙正义的及时提醒对马云完成行业本质性的认知无疑起了极其重要的作用，这就是投资人和投资机构的作用。这些都是我后来才知道的，我前几年在创业中浑然不觉，没有人教，自己很难意识到，更没有认知到专业投资机构对赛道理解的独到作用。

当新上线的优米网找不来广告时，我们的业务模式其实就是不成立的。没有广告，我们靠什么给员工发工资呢？

3. 电视产品向地面频道分发

2011 年，为了活下来，我们不得不重新走进了传统的电视行业，为了发挥原有团队优势，我们制作了跟中国教育电视台合作的《在路上》节目。一回到节目的制作，我们就得心应手了。我们邀请了近五百名社会精英和企业家来到优米分享，节目也很受欢迎，成为了教育频道的收视冠军。但是，由于教育台的节目制作并不能养活全公司，我们就尝试在全国地面频道进行节目分发，用一档节目进行多个渠道分发的方式来探索新的商业模式。当时这样的模式，其实也支撑起了光线传媒这样的上市公司很大一块业绩，但电视作为一个夕阳行业，其广告的下行速度还是远远超过了我们的想象。当时光线传媒也在逐步缩小节目分发的收入占比，我们的情形当然也不例外。我们向地面分发的频道虽然多达上百家，但无论团队如何努力，在一个电视业务下行的趋势中，一定不会实现业务增长的预期，为此，我们只好收缩团队，下决心改变业务模式。

靠做电视节目维持创业公司的模式并不是我创业的初衷。如果只是做电视节目，我仍然会陷入那个在我有生之年多做几个节目的循环当中。这不是我想要的生活，也偏离我创业的选择。我下决心离开央视是要加入互联网创业的大军，而节目制作这项业务与互联网基本不沾边，很快我们就关闭了向全国地面频道分发电视节目的业务。

旧的业务行不通，新的方向又在哪里呢?

4. 线上视频付费

到 2012 年 4 月，我们一边制作电视节目《在路上》，一边进行网络直播，优米网上积累了关于职场和创业的许多视频。《在路上》受到了大学生家长们的欢迎。有一些观众告诉我们，他们想让孩子看重播，但不知道具体时间。受此启发，我想把这些视频放在优米网上收费，用户就是那些没有时间看电视，或者不想看电视只想上网的人。我当时想，如果我们定价低一些，是不是会有人购买呢？

当我把这个收费的决定告诉网络团队时，他们的头摇得跟拨浪鼓一样。每个人都认真地告诉我说，你不懂互联网，互联网的本质就是免费，你看三大门户和视频网站哪个在收费呢？我的确说不出任何理由来支持我收费的提议，我也的确是互联网的外行，但我仍然想做。最后只好说，做坏了我负责，但你们要试，不试怎么知道呢？他们也只好半信半疑地开始试。

没想到，上线的第一天竟然有一个客户买了，虽然只有十几块钱，但那种喜悦就像冷不丁得到个大金娃一样。我们既兴奋又担心，兴奋的是，居然有人买单，担心的是明天或者未来没有人买。接下来，一天两单三单五单，买的人逐渐增多起来，这样的结果让团队很受鼓舞。一位负责运营的员工买了个锣回来，说是只要有一单成交，就敲一下锣以提振士气。当时，办公室但凡有一单成交，就能听到一声锣响，有时能听到连响好几声，大家就知道这是好几单成交了。听到这样的响声，大家都情不自禁地一起鼓掌，常常是一天下来办公室锣声不断，

优米发展业务时员工敲的锣

掌声连连，好不热闹。

仅 2012 年下半年，我们的线上收费竟然达到两百多万元，这在当时是一个了不起的成绩。团队士气十分高涨，公司欣欣向荣的氛围如同我们办公室繁盛的植物，充满着生命的活力。

新的尝试让我们仿佛摸到了一条通往成功的小径。这条小径带给我们的价值实现感是创业两年来从未体验过的。在此之前，我们做的任何一个项目都比视频点击的收入要高，但是，来自互联网平台的收入带来的兴奋远远超过了其他项目。我们好像触摸到了互联网创业的通道，通向让我羡慕已久的互联网百舸争流的河流。此前，优米是一个没有收入的网站，现在不一样了，我们有收入，有持续的收入，而且收入还在增多。

但当时线上收入仍然不够养活公司，这就意味着我们还必须做节目或者做项目，只有做节目或者项目的收入才是最快也是最稳定的。做节目在我眼里变成了一个赚钱的工具，我没有任何驱动力要去做一家纯节目制作公司，因为做再多的节目也无法形成公司可累进性的竞争力，这不是我想要的事业。而且，制作节目我太熟悉了，闭上眼睛就是那么几个环节，先是立项通过节目方案，然后拿到播出时间，接着组建团队进行节目制作，同时费力地卖广告，然后播出，然后分广告收入。

这个过程没有太多的新奇之处，也激发不了我的热情，其中卖广告的环节和最后从播出机构拿回分成收入的环节我都不喜欢，不仅周期长，需要打交道的人和流程都会让你有一种说不出的难受，但为了公司的存活我不得不重操旧业。

如果说创业中吃了什么苦的话，这其实就是一大苦。苦在我做着并不情愿的事情，苦在我做着重复性的劳作，这样的重复每次都让我心生焦虑乃至厌烦。每当生存的压力迫使我这样重操旧业，我都惊讶于自己的耐受能力，虽然做的过程万般不顺，但还是会含辛茹苦，忍受看似不能忍的繁琐和无奈。

有一次我们的节目到一个播出机构送审，约好对方负责人看节目，轮到我们看时那位负责人有更重要的事情走开了，节目的编导就在原地等，一个小时、两个小时过去了，那位领导仍然没有回来。电视台的协调人让编导先吃饭，说是吃饭后可能领导就回来了，结果吃完饭领导并没有回来，只好接着等。到了深夜十二点，领导仍然没有露面，协调的人只好说，领导有可能后半夜回来。看到我们的编导面带惊讶，协调人只好说以前经常发生这样的事情，那位领导拖十多个小时是常态。当时还有其他制作公司的制作团队带着片子也在等，我们的编导跟他们交流了一下，他们说不要急，根据他们的合作经验，等十多个小时再正常不过，我们的编导多半来自央视，听完一脸的惊愕。

编导深夜打电话给我，告诉了我当时的情况，问我等还是不等。如果等下去就连电视台协调人也不知道会等到什么时候；如果不等，错过了看片时间，我们节目开播很有可能会推后，那样不知还有多少麻烦事情出现。我在电话这头停顿了几秒，轻轻地说了两个字，等吧。我的声音压得很小，因为我怕强压在心中的怒火冒出来影响到编导的情绪，说完后我还安慰他辛苦了，接着我很快放下了电话。

那个深夜，我站在三十多层楼房的窗口向外看，午夜里路灯的光很弱，黑夜似乎没有尽头，我胸口感到一阵阵憋闷。我问自己，为什么我会跟这样不守时间不尊重别人的所谓领导打交道呢？在我十五年央视的职业生涯中，守时对于管理者来说是一个基本的工作要求，迟到十多个小时这样让人震惊的事情我闻所未闻。

记得 1996 年的一个夏天，作为《东方时空》的记者，我采访武汉二桥通车，由于时效要求，这个节目需要在第二天早上播出。采访当天晚上，我们从武汉赶回央视大楼连夜编辑，到凌晨四点多钟编完了，但要请领导最后看一次。我拨通了值班电话，没想到电话那头传来一个小女孩刚从睡梦中醒来的声音。她问：“你找谁呀？”我吐了吐舌头，深感不安，我显然打扰到人家小孩子的休息了。接着，他的父亲对她小声说：“快睡，宝贝，是爸爸的电话。”然后，我们的领导接过了电话，我说了一下情况，他说：“马上到”。不到十分钟，他来到了我们在央视大楼的地下编辑室，他就住在央视大楼后面的宿舍，很近。他进来时没有丝毫抱怨，还不忘问候我们辛苦了。当时我们觉得台里从上到下都是在为节目的时效和节目的质量努力着，在所有人眼里，节目和播出都是天大的事。

至今我都庆幸毕业后可以有那样一个视节目质量为生命的工作氛围，它塑造了我终身的良好的职业习惯和心态。

十几年来，我在央视熟悉的就是这样的工作氛围和对待节目的态度，如今我却要与素质如此低下的管理者打交道，我有一种掉到粪坑里的感觉，觉得自己的生活变得很魔幻、很滑稽，我能真切地感到心口被磨的疼痛。

但一边疼一边还要继续打交道，还不能跟员工表露，更不能跟对方表示我的不满，因为背后明摆着的是公司生存的压力。看片的那天晚上，我们的编导在那里又等了几个小时，终于等来了领导。第二天，我看到熬了一夜的两位编导脸色蜡黄，双眼无神，一副受尽折磨的样子，我无言以对，也不想多说话，有一种想骂人的情绪在心中升腾。我在想，如果那位迟到十多个小时的领导就在场，我会失去控制地把合同撕毁，然后会用最尖锐的词语作为利器激怒那位领导，让那位领导觉得自己跟人渣别无二致，然后，我会平静地掉头而去。我知道，我设想那样的情景是因为那已经到了我的临界点。

在很长时间里，每一次要做电视节目时，我烦躁的情绪就会随之升起，自己仿佛是一头困兽。困住自己的，恰恰就是那个做节目的能力，这个能力让我走不出一个圈子、一个牢笼。直到如今，我对所有民营节目制作公司的创始人都心存几分同情。因为，他们都需要跟各种播出机构打交道，他们的遭遇与我的经历大同小异，有的更加难以忍受，有的还有法律风险。

一位极能干的电视剧制片人给我打电话，说是他们公司制作的电视剧在某机构出售，其间遇到过不少的刁难，受尽了窝囊气，需要做许多不情愿的事情。她向我求助，说是我认识他们的老大，可否让我转告这个平台她遭到的境遇，对她正在合作的项目有一些帮助。我说，如果我转告了，你的合作就泡汤了，如果真想合作的话，你就忍着，如果有超过底线的，你保存好证据。

她的电话让我了解到民营制作公司与任何机构的合作都只能是乙方，而国营机构和强势民营平台都是甲方，没有实质性的区别。人性的优劣与国营民营没关系，而与自己是否在强势的一方有关系，只不过基本上国有的都是强势的一方。我听到太多的创业者说跟当地税务机关和工商执法人员打交道时受到的冷眼和故意刁难，岗位上的权力让他们的表情和言语在面对办事的人时都有一种俯瞰你管着你的优越感。他们在跟相对弱势的一方打交道时，或多或少都会释放一些让你大跌眼镜的劣根性，还有一些人因工作的权力更是狐假虎威恶性膨胀到了让人无法忍受的地步。后来我有机会在某个场合看到那个迟到十多个小时的领导的一本正经和振振有词，我的确有一种吞下了个苍蝇的恶心感。我如果不创业，仍然在央视的任何位置上，是不可能有这样的感受的。正是创业，时时刷新着我对人性的认识，我阿Q式地想，这是学文学在生活中的独特竞争优势，也是未来如果进行创作不用深入生活就拥有的极佳素材。

尽管我有文学这个武器来释放一些负面的情绪和压力，但在很长时间里，我觉得最幸福的时光仍然是不做电视节目，不跟任何强势机构合作。我对做节目那种重复性的劳作十分厌烦，重复加上需要看嘴脸，这让我视做电视节目如同受罪。这个过程中，八宝山离我很近的感觉又会出现，沮丧的情绪频频会在心头升起。

在节目制作中，有两个甲方，一个是播出机构，一个是广告商。有一位朋友离开央视后做节目，就发生了一段与另外一个甲方要钱的悲伤故事。

节目的广告商在节目播出后竟然赖着不给钱，我这位朋友之所以先播出广告没有收钱，可能是好不容易找到一个广告商，怕逼急了人家干脆就不投了，所以只好先播再催款。当时广告费没有支付给她，她的公司已经发不出工资了。万般无奈下，她只身前往南方某个小山村，也就是那个广告商的公司所在地。她去了几次，老板每次都是客气地请她喝功夫茶，不急不忙，东拉西扯，就是不提付广告费的事。她软磨硬泡了七天都没要到钱，绝望、无助。

有一天风雨交加，老板依旧一小杯一小杯地喝茶，突然间她的手机响了，她有个亲人去世了。在她不适应的南方气候中，借着这个消息带来的真实悲伤，当着那个老板的面她大哭起来，哭得伤心欲绝，一声更比一声凄惨，以至于情绪完全失控、失常。那个老板怔在那里不知所措，想不出任何办法止住她的号啕大哭，而且她哭的势头完全没有减弱的样子，最后只好答应给她钱。

后来她跟我讲到这一段时笑了起来，笑她自己竟然可以哭得那么悲惨。我听后笑不起来，因为她的创业之初太难了。头两年她住在一间租来的办公室，说是住，其实是地上放了一个席梦思垫子，做节目的团队成员谁累到支撑不住谁就上去睡。她因为是做电视节目的，录下了当时的情境。后来，她看到这一段，不管当着多少人都会落泪。

哭的确是她的一种释放压力和内心郁结的好方式，但我真不擅长。

除了文学素材的获得，我通常还有一个办法是怪罪自己，毫不留情地批判自己，而怪罪和批判自己的时间都不会持续很长，所以，那些难受的时刻也就很快随之过去。每当这个时候我就在想，人是一种多么智慧的动物啊，总能让那些翻不过的高山快速夷为平地。

2013 年，我们与江苏卫视进行了合作，这是一家非常市场化的电视台，只要是市场化，其工作对接口就会通畅许多。2013 年，北京的雾霾十分严重，我很想用《赢在中国》这样一个真人秀的方式，让中国新锐企业家来为环保做一点事，为此策划了《赢在中国·蓝天碧水间》。这档节目邀请了十二位青年企业家，用了八十多个机位，在万米的演播室和一些外景地进行了十二场比赛，大评委仍然是柳传志和马云。这档节目获得当年国家新闻出版总署广播电视创新创优奖，其中在总决赛现场柳传志和马云对企业家们的点评成为了现场创业者最好的一堂课，那次大决赛在现场持续了五个小时左右。

《赢在中国·蓝天碧水间》播出后，尽管反响还不错，但我暗自发誓再也不要做节目了。那个浩大的节目在制作过程中，由于参赛的两队企业家都想赢，纷争起来以致有些选手以弃赛而终。如果有人弃赛的话，那么为十二个人量身打造的节目必将难以为继，我们几千万的投资就没有了下落。每每不间断地有选手想要弃赛，都会让我费尽周折。有一次为了说服一位想要弃赛的选手，晚上十点左右我和导演一起到他的房间，我跟他的交谈是我这一生中谈话时间最长、范围最广的一次。我们从个体谈到团队、从家庭谈到单位、从历史谈到未来、从国际谈到国内、从陆地谈到海洋、从私事谈到公事、从情感谈到逻辑、从天谈到地，谈了六七个小时，谈得两眼发涩满脸发绿，一直谈

2016 年我与《有志 · 赢在中国》总评委，万通控股董事长冯仑

2013 年与《赢在中国 · 蓝天碧水间》总冠军李静

2013 年《赢在中国 · 蓝天碧水间》总决赛评委柳传志、马云与冠军李静

2017 年《赢在中国》纪录片发布会现场，我与央视《对话》节目主持人陈伟鸿

2013 年柳传志和马云在《赢在中国 · 蓝天碧水间》录制现场

2013 年在《赢在中国 · 蓝天碧水间》演播室外与柳传志合影

到凌晨快到五点的样子。我回过身一看，导演已经熬不住坐着睡着了。最后那位选手对我说，他受不了，让我休息，他表示一定参赛。我们进门开谈时天是黑的，起身走时天快亮了。我觉得他并不是被我说服了，要么是他的身体实在受不了，我用体能的极限战侥幸解决了问题，要么是他同情我的不易，他的怜悯帮了我。出门回到我住的房间时，我的头有些发晕，有点站不稳。我到床上躺了两个小时，然后不得不出门确保新一天的拍摄进度。

此阶段的好消息是，就在我们的电视团队日以继夜应付每周的播出时，我们在互联网线上知识付费方面取得了可喜的成绩。优米在线视频点击收费业务的收入在 2013 年竟然高达一千多万元，它已经是

2012 年线上收入的好几倍。

有了这样的业务增长，到 2014 年，我就索性完全放弃了制作电视节目和项目，把自己投入互联网的在线收费业务中。几年后，我看到知识付费在 2013 年的全行业收入也不过几千万元，优米这个收入在当时肯定是比较高的。更重要的是，我终于可以不用再做节目，不用做项目了，这让我有一种如释重负感，有一种真正的创业感。终于，我们可以在互联网的在线业务上心无旁骛地做一些事情了，在此之前的几年我们都是一边做着项目或者节目，一边操心着互联网在线业务。

当时，我们用线上的点播进行产品的呈现，用线下代理商的售卖进行规模化，团队核心岗位不断来新人，员工也激增。与此同时，2014 年和 2015 年这两年我们在互联网金融、大数据、O2O、互联网房地产等领域主办了好几场千人以上的论坛，一方面积累最新的创业干货分享，一方面为优米做市场推广。

在热火朝天地干了一年后，2014 年收费业务增长的结果并没有达到我们的预期，在 2013 年的基础上收入并无大的增长。当然，仅仅一年的结果并不能让我们完全判定未来的走向，我们决定仍然不做电视节目和项目，全力以赴再试一年。

2015 年，在 2014 年的基础上线上收费业务同样没有太多的增长，知识付费中复购率问题成了一个难以解决的谜一样的问题。当时我们没有想到的还有网上盗版严重，为此，我们专门成立了一个小团队来对付各大平台的盗版，一天与平台方数次交流，但盗版层出不穷如同蝗虫般继续飞舞，所有的应对手段与当时盗版的猖獗程度相比，基本上是杯水车薪。很久之后，我才意识到，其实所有互联网平台在发展之初都有灰色区域，因为平台的成长本身就是从边缘到中心的过程，这个过程如果从一开始就在知识产权问题、真假货问题上一目了然，严格按国家现有的法律法规规定的范围发展，它就不可能发展起来。有灰色地带、打擦边球是所有平台型业务发展的必由之路，而且这个过程只能是先发展后治理，如果反过来，这类平台型业务根本不可能成立，所谓的创新性应用也不可能成型。

我原以为只有传统产业的许多创业者不得不打擦边球，不得不在灰色地带行走。后来发现，互联网平台创业也得这样，只不过，它是业务的属性决定的，而不是创始人与政府和资源方的勾兑。

复购和盗版这两大问题成了优米业务发展最头疼的难题。前者基本上是行业的壁垒，眼力所见，我们找不出突破的方法。对盗版我们虽痛恨无比，但以我们一己之力，也难对抗平台的力量，我们只有请求平台删除盗版的频次高一些，执法严一些。本来是我们被侵权，结果我们不得不每周求助于平台，求着求着竟变成了乙方，这虽然滑稽，但这就是现实活生生地摆在你面前，你还无能为力。

这两个难题让我们怀疑知识付费到底是不是一个可以增长的互联网业务，一边怀疑一边还需要继续往前走。

就在 2014 年，微信公众号的流量红利被一批自媒体人牢牢地抓住了。当时有朋友建议我立足微信打造自己的 IP，但我并不以为然，我当时的重点在打造优米 APP 上。我希望由我领导一个团队来进行互联网的创业，而不是把我个人变成 IP。至今我仍然认为一个 IP 再怎么打造也不可能规模化发展，它也不是一项可以依靠团队发展的长期事业，跟一个知名演员的工作室相差无几。所以，我一边看着一批自媒体人在微信生态圈里尽享流量红利，一边埋头做着我们知识付费的种种探索。

到 2014 年，优米线上知识付费的产品呈现形式只是视频。这个手段其实很单一，极容易被盗版，而盗版直接影响我们的收入。为了缓解这个问题，我们围绕知识付费进行了一系列服务形式的探索，特别是那些难以盗版的方式。

5. 众创空间、行行和优优说

2014 年是我们的业务转型探索年。我们想用众筹的方式做一个众创空间，产品不只是由我们自己提供，可以广泛合作供应商的产品，而且还尝试了非知识付费类产品，我们铁了心要把业务的范围扩大。在声势浩大的发布会举办后，我们发现上线商品的供应才是最大的问题，而且我们对实物型产品的供应链管理根本不懂，这也大大超出了我们熟悉的领域。另外，我们对互联网的平台式经营也没有清晰的认知，在供应链管理这样的根本性问题上，我们发现实物性产品和知识性产品完全是两个不同的产品，如果放在一起，平台无法清楚地界定用户是谁。

在节目上线时，当时媒体人的惯性仍在顽强地起作用，我们把工作的很大重心放到了发布会的精彩与否上，并不懂得互联网创业不是发射火箭般的一劳永逸，而是根据用户反馈的不断迭代。我们开完发布会后，发现 APP 上的体验很糟糕，而 APP 是由一位来自大平台的懂产品和运营的所谓专业人士负责。此前我一直以为，我们有一个来自大平台的人，他一定能搞定产品的体验，但结果正好相反，这位曾经在大平台作业的产品负责人，并没有在上线之前亲自体验一下，他对产品的熟悉程度还不如一个程序员。

后来我们了解到，他只是在管理层面作要求，自己并不动手，他说大平台都是如此。事实上，这是大平台上的中层管理人士的普遍特点，他们依靠的是一个平台的系统和相关联的业务人员，他们能做的只是一部机器上有限的几个部位，一旦他们在某个小平台上从头开始驾驭全局便会一筹莫展。同时，他们的管理惯性还在，需要有下属把他们的 PPT 变为现实，而变的过程他自己也没有懂透，这就是所有那些大平台的互联网中高层人员折戟创业公司的根本原因。当时，我们应该下重力在互联网产品本身的体验和知识型产品供应链的管理上，然而我们没有，但今天看来，这些即便都做对了也还是不行，因为赛道根本就选错了。

这一次的探索持续不到半年就很快作罢。

接着我们还做了“优优说”。这是优米团队在 2015 年开发的一款以音频作为产品呈现方式的 APP，当时优米内部一位不错的产品经理主动请缨要试一试，于是我们抽调了几个人就让他们在一个小房间干了起来。在这个领域，2013 年喜马拉雅其实就已经上线，优米推出的优优说整整晚了两年。其实，当时只要稍稍做一下行业调研，就不会轻易上线这个产品。这个错误与很多创业公司犯的错误非常类似，不做市场调研就开始埋头产品开发。因为，任何项目的成功绝不是一个不经意的小投入突然爆发。这样的非分之想不要说在互联网创业的后十年，在一个在线需求不断被满足的环境下，小投入基本不可能出现流量大增的结果，即使在互联网发展的前十年，没有集中的投入也极少能出好的结果。

我记得开心网在 2008 年创业初期曾经有过一款线上偷菜的软件很是火爆，它让开心网的用户一夜暴增，以至于服务器的压力很大，投资人不得不将个人的钱先打给创业者购置更多的服务器，以免在用户激增时运转不了。但这样不期而遇的暴发在 2014 年，2015 年已经极少见到。

到 2015 年这个时间节点，互联网的线上流量已快速减少，此时只有微信公众号的流量在暴发中。由于当时并没有出现可以支撑这个业务的小程序应用，我们只好沿用 APP 的方式来进行开发，而只要是 APP 上线，流量问题就会成为最要命的问题。而且维护一个 APP 的运营非常繁琐，除了各种手机的机型适配，还有好几个应用商店的维护。苹果系统的麻烦比安卓更多，由于是虚拟产品，上线的审查会更慢，同一个版本常常是安卓上线了十天之久苹果版才能上线。当时，作为主营业务，优米的 APP 也在维护中，优优说的获客当然是个大难题。不到两个月，我们只能放弃优优说，那个小团队的成员只好回到他们原来的座位，那间日夜兼程开发的办公室也恢复为会议室。

视频类知识付费服务产品形式单一的问题仍然没有解决。为解决线上的视频点击这种单一形式在盗版面前的无力问题，我们在 2015 年开发了一款帮助知识付费双方在线下见面的 APP。这是一个以购买知识和经验提供者的时间为主的平台，是利用线上获客，线下完成服务的另类知识和经验的售卖。这个方式不那么容易盗版，还可以兼顾满足用户线下人脉的需求，这款 APP 叫“行行”。看上去很美的业务其实深究下去面临产品定价的难题，还有头疼的供应端无法规模化和流量问题，这些问题基本上否定了这个业务继续存在的理由，到 2016 年底，我们也只好关闭。

2014 年到 2015 年，我们的电视团队没有做任何电视节目和项目，全部人员聚集在互联网知识付费这个所谓的新兴行业，但知识付费的项目从 2013 年到 2015 年三年都没有实现业务与投入产出相当的增长，围绕它寻找的三条路也都行不通。

2012 年下半年公司那种敲锣鼓掌的氛围不见了，业务处在进亦难、退亦难的窘境中，公司的前路根本不知在哪里。

此时，三个 APP 的推出对人力、物力和财力耗费很大，公司的生存问题再一次严峻地摆在了我们面前。

2016 年，我们不得不再次与电视台合作，我对这类合作已到了深恶痛绝的地步。当然不做节目也可以，但为维持公司继续运转，就必须融资。2016 年我们找了一位合伙人专门负责融资，融资的过程中，几乎所有的投资人都认为我们应该做媒体，只要做媒体业务，就可以拿到钱。我想，如果在新媒体内容上有建树不也是一种创造吗？后来，我们试了几个月，很快发现与新媒体平台合作，和与电视台的合作并没有太大的区别。在本质上我们做的仍然只是一个个项目而已，走下去就会成为一家制作公司，而我真的对做一家节目制作公司毫无兴趣。

离开电视台后，我从未再踏进复兴门那个我曾经告别的央视老台。这些年中，电视台有一些部门已经搬到了 CBD 中心库哈斯设计的新台，我也没有进去看过。其间有一个跟央视合作的提议来自一家国家机构，他们找到我，希望我把一个创业的节目做出来，跟央视的合作由他们来谈，但我需要去跟电视台汇报一次方案。我当然知道汇报的场面会很滑稽，因为我要汇报的人要么曾经是我领导下的团队成员，要么以前跟我是平行的负责人。但那次我还是去了，我内心深处的好奇心当时表现得非常强烈，我很想看看这个戏剧化的场面中人性的表达，我认为这样一些时刻的精彩都会超过最好看的电视剧。

我走进新台时，一种巨大的陌生感迎面扑来，大约走了十多分钟，

2015 年我在优米现代城办公室

上了好几部电梯，才到一间会议室。坐下来由里向外看去，窗外竟然是黑色的铁钢梁紧贴着窗户交叉着，那是央视大楼从外面看到的斜线条在内部看起来的样子，压抑感很快升了上来。我庆幸自己没有在这样的办公环境工作，否则我将极度不适。与此同时，我根本也不会指望这次合作有任何结果，后来国家机构的负责人还亲自打电话跟我道歉。其实，对于我来说，这次的经历特别具有文学素材的收集意义。

2016 年，我们还有一个打算，上新三板，希望用资本市场的力量帮助业务继续探索。就在进行股份制改造的最后一刻，我纠结不已，内心非常清楚我们并没有找到一个可以持续增长的业务，就算上市了，应付每个季度市场的期待也一定会陷入更大的困境。思前想后，我还是放弃了，尽管当时公司在财务法务审计上的工作已经全部完成，即便不上市我也必须为此付出代价，但我还是决心不上，我不想用一个更大的麻烦来解决眼前的麻烦。

不上市的业务延续还是比上市之后的窘境要好过很多。在这一年，我也看到了与我们类似的公司不顾一切上市了，但是业绩的压力明显在挤压产品的质量和服务，这是我最不愿意看到的结果。

6. 放弃创业

2016 年的下半年，在关掉一个并不小的“行行”APP 后，我准备放弃创业。这个想法涌上心头时，我的确吓了一跳。

这是创业六年以来我第一次真的想放弃。但不想干并不代表马上就可以关门，因为公司还有不少用户。在公司一天没有找到新的团队接手之前，都需要认真地维护现有客户，而且，我的这个想法还不能跟团队成员流露，只能压在心底。

但是，我需要面对三位优米的天使投资人。

我为三位企业家拍的照片

优米天使投资人是柳传志、史玉柱和马云三位著名企业家。我想放弃创业的这个决定理所当然必须由我亲口告诉他们，碰巧这三位都是湖畔大学的校长和校董。2016 年湖畔大学正好有一次校董和两届学生在阿里巴巴食堂吃饭的机会，这样，我可以在一个相对集中的时间里跟他们三人沟通。

那天湖畔大学第一届和第二届的学员在一楼用餐，校董们在二楼。我草草地吃了几口，就想上二楼跟几位投资人当面讲这件事情，急匆匆地走到了楼梯口。正准备上楼，突然有一个人在楼梯前挡住了我，定神一看，是湖畔大学管理学员的员工。她对我说，学员吃饭在一楼，二楼是校董们吃饭的地方，我怔了一下，马上意识到她并无任何不妥。我说我知道，但我有事要上楼。她表示为难，说最好让校董们吃完饭再上去。我只好站着等，为了不挡住上下楼的人，我挪了几步站在楼梯边上。

我站在楼梯边，眼前闪现出类似的场景。在《赢在中国》现场，当时我们电视台的同事们也是这么挡住那些创业者们的，因为有太多的创业选手总想跟企业家评委们交流。那些创业者有时为了与企业家评委有一个私下说话的机会，要在评委们进出的必经之道苦等很久，而有一些人即便等了好久也未必能如愿。那时候作为总制片人和主持人的我，一定是正在贵宾间与企业家评委愉快地交流着。就在那一刹那，一种莫名的不适和尴尬让我觉得站在那里有些难为情。

其实我与这三位企业家都能单个联系，只是要一个个地去拜访或者打电话。他们分住在不同的城市，还常常出国，如果按照这个方式交流过程会很漫长，我希望用一种更快速的方式跟他们交流之后，我就可以尽快卖出公司了。

那位管理人员看出了我的为难，对我说，再等一会儿他们就吃完了，我点了点头。我在楼梯旁边木木地等着，脑子里一次次闪现着那些想见企业家的创业者们的窘境。如今，我也站在这里了，只有在同样的境地才能理解经历类似的人。

在那个楼梯边放眼望去，眼前是湖畔大学第一届和第二届的同学们。这是一群酣战在创业路上并已有所斩获的创始人，他们一边吃饭一边聊天，间或相互打趣嬉闹着。他们在人群中基本没有特点，但聚在一起时，很快就能发现他们其实有着较强的共同特征。首先，他们的穿衣打扮相对于文艺青年无特色无风格；相对于大学生他们身体开始发福和变形，脸色也多半因睡眠不好黄中带菜；相对于知识分子，他们身上少了些社科类知识分子的文人气和科技类知识分子的专注神情；相对于国家行政干部，他们身上少了一些因职位权力带来的强势表情，他们的手脚和头脑也更灵活更富有锐气；相对于艺术家，他们少了些特立独行的目光和执拗，多了一些为了公司利益必须时时妥协的圆通；相对于伶牙俐齿的媒体人，这群人即使有畅所欲言的机会也必须说话留有余地。其次，他们个个都有一颗自我驱动的心，不用扬鞭自奋蹄，他们心有焦虑，事业也多有不顺，但他们的脸上清晰地写着对未来成功的热切期待，也写着即便身在人群中仍然孤独无助的落寞。

他们多半重结果重目标而轻过程的体验。我曾在他们集合时，站在一边看他们走路时的总体特征。那是杭州西湖风景区的一段路，课后我们从湖畔大学校区集合出发，排队走向一家中午用餐的宾馆，进宾馆院子大门是一条小小的上坡路，我抬头时发现宾馆的门前有一小片五颜六色的郁金香。当时天上正飘着毛毛小雨，花瓣在细雨淋过后干净透亮，红黄紫粉拥在一起，像极了一道地上的彩虹。我把视线拉开，那家宾馆竟是中式屋顶，鲜亮与古旧形成鲜明对比，如同现实与历史的交织。再放大眼前的镜头，远山迷雾构成了画面中的远景，西边的天上好像还有若隐若现的彩虹。此时，天上地上的彩虹遥相辉映，再加上春天的西湖在毛毛雨中温婉湿润，此情此景让我不由得停下了脚步，游离出大部队外，站到了路边尽情欣赏这人间胜景。我再看看从我身边走过去的一百多位创始人，他们中间无任何人抬起头看这风景，基本没有人注目那明艳怒放的郁金香。他们有的在看手机忙着回短信，有的脸上表情凝重用耳机听着电话，还有一些人在三三两两交流，交流的话题很可能与刚才课上的案例或者企业生存发展相关，也有人环顾四周，但那只是下意识的张望，并无被眼前美景吸引的迹象。那一百多人径自朝宾馆走着，目的是去吃饭，在路过门口那片郁金香时，我专门看看他们有没有人在花前注目或者打量，如果有人这样做，我一定找到他（她），跟他（她）聊聊天，我相信这样的人会成为我聊得来的朋友。可惜，我看着几十人过去了，就那么快速地过去了，毫不留情地过去了，没有一个人多看一眼脚下怒放得如火如荼的郁金香。

其实，我创业的前几年也跟他们一样，但那天，我自然而然从队伍中游离出来了。我欣赏着美景，久久不想挪动，我是一个因过程的美好把吃饭的目的减弱的人，而企业家不是。

我忽然感到自己并不想要这些创始人的生活，成功也罢不成功也罢，反正我好像觉得这并不是我想要的生活，而且明显我并不适合成为其中的一员，也许我天生就不应该来到这个人群中。但是，如果我不属于这个人群，我又属于哪个人群呢？我曾经希望做一名像法拉奇那样的记者，现实让我无法接着做这个梦，如果做下去，在今天的环境下一定会是个噩梦。不做记者、不做制作人而投身互联网创业，这个决定是否太草率呢？这可是一个我此前不曾认真想过的问题，在那一刻我发现我的人生方向，这个对我来说从来都不是问题的问题，如今就横躺在那里成了我的大问题。

我在楼梯口站了多长时间不清楚。我站在那里是要告诉几位相信我的企业家们，我不想干了，想卖掉公司了。一想到这一点，我似乎觉得满屋子的创始人同学都知道了我这个想法，好像我成了这个屋子里的逃兵，这一点让我在等待的这段时间里真的是度时如年，如同芒刺在背。

就在那个窘境中，我还想起相关的另外一个类似的尴尬境地。那是 2005 年我刚从美国回来做《赢在中国》节目时发生的故事。我的节目方案在央视编委会通过后，台里并没有经费，我们从运营主体央视的一家公司中借的一点钱也用完了，当时作为总制片人，我一筹莫展。

我找到了一位在资本市场拼杀多年的朋友。他是一位足够真诚且有很多办法的人。他跟我讲过他曾带领一家大公司上市失败时与同伴抱头痛哭的故事，但他没有放弃，第二年再次出征，终于雪耻如愿。这个故事我一直难以忘记，我想他这样的人一定会有很多办法。我找到了他，告诉他，我们的项目没钱了，需要找钱。通常的做法是我要做一个 PPT，跟商家讲讲我的节目是如何如何好，然后静候人家要不要赞助的决定。我认为这样很难为情，很怕走出这一步，因为害怕被拒绝。此前我在央视从来不用担心钱的问题，每年都是花预算，而且从做《对话》制片人开始，我就很讨厌广告的打断，每次广告部的人

主持《赢在中国》

我这位朋友的肖像素描

跟我谈广告要多加进来时，我总是极不情愿。如今我不仅要接受广告，而且需要靠这个续命。他听完我的介绍后，沉下脸很严肃地说，这是我必须面对的难题，如果我跨不出这一步，不仅是现在，以后我也将一事无成。然后，他谈起了他本人创业的故事。

在离开一家大的机构后，他想创办一家投资公司，但需要募集资金，这当然也是一次创业。他去欧洲募集资金时，行李箱里装好了他的行程中要换的全部衣服和袜子，他算好日子，在周六周日人家休息时一起洗掉脏衣，新的一周再出发继续上路募集资金。那一趟一定有许多意想不到的尴尬，他没多说细节，回家路上他正好穿完了所有的干净衣服，带着一堆脏衣服和人家承诺的出资数额踏上了归途。这个故事的细节让我找到了勇气，那些准备好的一叠叠衣服和袜子，一整箱脏衣服和募资金额，这些具体可感的东西和这个我熟悉的人帮了我，它们让我好像找到了走出第一步时的抓手。

在这之后，我鼓起勇气打通了一个熟悉的企业家的电话。我对他说我有个节目，想让他看看有没有兴趣赞助，好在是电话，他见不到我难为情吐舌头的样子。那位企业家很是善解人意，说你来吧，然后他给了我见面的时间。

那是春夏之交的一个工作日，我穿了套较为正式的衣服如约前往。进门时他对我说，所有相关部门的负责人都叫来了，这样便于迅速决策。

我一眼看过去，一个会议室里有十多人分坐在会议桌的两侧，都是正装，气氛严肃，我庆幸自己没有随意穿搭。我打开 PPT，讲了不到十分钟，大汗淋漓，衬衫湿透。那天其实并不热，我也并非不善于在公开场合讲话，主持五千人的现场大会我一点也不怯场，但在这个小小的会议室里，因为跟人家要钱，我感觉自己就像一个心怀鬼胎的人。那位企业家看出了我的不适，让下属们先讨论，然后把我带到了他的办公室。他表情轻松地谈着这个项目，一回到谈话状态，我的感觉要好多了，但在谈到需要多少钱时，我竟然一时语塞没有答案。我好像不曾想过这个最重要的问题，只说了一句，“以您的合适为主”。他笑了笑，秒懂了我是个完全不会商业谈判的人。

但无论如何我还是开了个头，尽管处在一种惶惶然中。迈出的这一步极其重要，此后，我跌跌撞撞地竟然把《赢在中国》做成了。

以前，我总认为外在的困难才是困难，其实，心灵深处的困境才是真难。这个难因为其隐性的特点、解决手段的有限，常常让这个困境非常惨烈，其程度不容易被外界所见。

在阿里巴巴食堂那个楼梯边，我就那样胡思乱想着。也不知过了多久，那位女员工过来叫我，我才回过神来，他说校董们吃完了饭，我可以上去了。

我赶忙上楼，迎面看到的是二楼偌大的一层只有两张桌子有人吃饭。一个大餐桌围坐满了，餐桌被烟雾缭绕着，有人抽烟，有人闲聊，他们都很随意地坐着。主桌的人都曾做过我在央视时节目中的嘉宾，我走上前时，他们亲切地叫我："利芬来了！"我一一含笑打招呼，快速调整着情绪，那个场景让我仿佛又回到了央视的贵宾间。

饭桌上最抢眼的是史玉柱，他的着装是上红下白的搭配，在人群中一眼便见。我走到他身边对他指了指窗口说："史总咱们到窗口吧，那里安静。"他迅速跟我一起走到窗边，我们俩站着，他继续抽着烟，轻松自如地看着我，等我开口。

我平静地对他说："我想把公司卖了，不做了。"

他说："好啊好啊，没问题啊。"

他的接话几乎没有一秒钟的停顿，脸上还微微带着笑意，没有一丝迟疑。

我仔细辨认着他的眼睛，想确认是不是他听错了随口那么一答，或者是出于客气的应声，但他的表情告诉我，他听明白了。他仍然微笑地看着我，眼里没有一丝意外，表情没有任何改变。他一口烟一口烟地抽着，很怡然的样子，那个神情好像我刚说了一句"史总，我给你买了一包烟"那么轻松。

我在想，是不是他投资时就看到我会有这个结果呢，在烟雾朦胧

2000 年我主持《对话》节目，“跌倒的巨人能否站起来”，在我右边的是史玉柱的律师贺海仁，最左边的是瀛海威的创始人张树新。

里，我眼前掠过了我和他相识的过程。

我是在做《对话》制片人时认识他的。关于他的跌倒和爬起来，我们一共做了好几场《对话》。

在节目现场，他对自己的反思非常深刻，无论观众和嘉宾对他进行多么毫不留情的痛批他都接受，没有情绪上的对抗，没有心理上的不适，哪怕是一丝不快也没有从脸上掠过。他的这个状态留给我的印象极其深刻，因为，太多的人可以痛心疾首地自我批判，但是旁人一批他就会下意识地反驳或者抗拒，这样的人今天看来其实都是假反思。后来，我曾经问过他这个问题，为何可以那么冷静地接受人家的批评，他说别人批评的程度都没有达到他对自己批判的深度和宽度，所以不会介意。

《对话》做完后，我和史玉柱基本没有任何联系，可以说形同陌路。几年后，我做《赢在中国》时，因一个评委临时生病不能来，我想起了他。我给他打了个电话，说想请他做点评嘉宾，他回答说，你遇到了困难请不到人时再请我。我说眼下就遇到了困难，我们的主嘉宾生病了，重新找评委花费的时间加起来一个多星期还不止，很难马上找到其他人代替。他听后平静地说了四个字"那我来吧"，于是，他就成了《赢在中国》的主评委。

《赢在中国》演播室现场，我对他有了一个全新的认识。以前我对他的印象还只停留在他反思很深入这点上，但这次我发现他在反思的基础上，有了一种解决问题和处世的方法。由于深刻地反思过，真正扛过了他的至暗时刻，讲出的话基本是他认真思考和实践过的，如果没有涉及过或者了解不深，他一定坦承自己不清楚。他鲜有模棱两可的判断，也没有任何繁杂的逻辑，更无华丽的语言装饰，但他说的简单易学，都是真正的干货，创业者可以入心入骨。

史玉柱历经的那些至暗时刻练就了他处事的波澜不惊。在珠海大厦"倒塌"后，他把自己关在房间里三天三夜闭门思过，不见所有的人。他甚至想过自杀，后来又去西藏寻找精神力量，他爬珠峰走草地，希望得到大自然的力量支撑他活下去。回到内地，他熬过了在北京睡地铺躲债主的日子，一边背着巨额的债务一边创办新公司，后来终于把债还清了，公司上市了。他从放手一搏的生死边缘终于回到了生活的常态。

央视《对话》节目的休息室中，左一是美商网 CEO 童家威，中间是柳传志，右一是史玉柱。

史玉柱（前排右一）在《赢在中国》演播室现场，中间为马云，左边为熊晓鸽。

他经历的那种从上天到落地，由人变鬼再由鬼变人的过程，让他窥见了各类人等的人性大戏，世态炎凉的确是最好的人生大课。他曾经说，捧杀比棒杀更可怕，因为前者可以让人在动听的话中麻痹起来，然后一点点丧失判断，进而被杀，所以他对当面奉承的话基本不太接受。

我创业后，有一天去拜访他，进门坐下后，我说："史总知道巴菲特的午餐吗？"他说："你也可以卖卖我的时间。"我当时就怔住了，他竟然在我进门不到三分钟完全看出我的心思，也完全看透了我当面跟他提怕拒绝的心理，所以他直接跳过好几个步骤给了我答案。

那天跟史玉柱的简短聊天，就是后来在优米网上拍卖他三个小时时间的来由。其实，他并不需要靠这个拍卖增加知名度，更不需要这笔拍卖的钱，三次拍卖的款项他都捐赠给了公益机构，他这样做的目的只是希望能帮到我的创业。在三小时拍卖的发布会前，我在化妆间跟他聊天，他说："如果你的公司需要融资，你可以找我。"不久，我特地给他做了一个商业计划书，认真地跟他讲了一次，他基本没怎么看，抽着烟听我讲完了，也没有问一个问题。我讲完后他就说好啊好啊，就这样他成了我的股东。

不久前，我特地把那个商业计划书找出来看了看，时过八九年后再来看它简直是可笑之极。那个所谓的商业计划书没有基本的商业逻辑，以他在商海经商二十多年的经验，一眼便会看出那是一个纸上谈兵的方案，但他却请我出一个投资合同。

在我的记忆中，我提出的任何事情，他都说好啊好啊。今天我说我要把公司卖了，要放弃创业了，他也说好啊好啊。他脸上的表情告诉我，卖掉公司很正常，创业创不下去很正常，这个结果他不意外。

我相信，他对痛苦难熬有着透彻的体悟，他肯定知道我心里的滋味，也知道我不会轻易说出这句话来。从小到大，我都讨厌抽烟的人，见到吞云吐雾的人都要躲得远远的，可是在那一刻，我发现抽烟的人并没那么可恶，缭绕的烟雾恰恰让我脸上难堪的表情有了一些遮挡。

我指着正在交谈的马云和柳总说："那我跟他们说说？"他说："好啊好啊。"

我转过身来时，马云与柳总正在餐桌边小声聊着，我不知该不该马上打断他们，正迟疑，他们俩不约而同地朝我看了过来。我说："马总，我先跟柳总说个事情，一会儿也要跟您讲讲。"马云说好，然后转过身跟他旁边的另一位企业家聊了起来。

我拉过一个空出的凳子，坐在柳总身边。他看着我，神情严肃，这是柳总在谈正事时通常的表情，他是一个很认真的人。

我停顿了几秒钟，然后说："柳总，我想把公司卖了，不想做了。"

他看着我，也缓了几秒钟，表情反而从刚才的严肃变得轻松起来，但认真的劲头仍在。他吐字清晰地说："利芬，我都同意，你做主，真的，我都不会干涉的，放心啊。"

我说："好的好的，谢谢柳总，这是我现在的想法，后续有新的情况我会跟您说的。"

他说："不用的，你做主就好。"

他没问我为什么，也没问公司卖给谁，怎么卖。

其实柳总是一个极其认真且死抠细节的人，对一些他认为重要的事情一定会里三层外三层刨根问到底，这个认真劲头我是亲眼见识过的。

有一次联想要办一个大会，我是会议的主持人，会前我们要在一起先开个会讨论一下议程。我在会议开始前几分钟赶到了联想大楼的会议室，我早就知道柳总最讨厌别人开会迟到。

柳总一如既往准时到，他跟我打过招呼后，环顾了一下会场，对着一个在座的联想员工说："那个 ××× 呢，怎么还没有来啊？"

那位同事说："通知了啊，他也说准时到的啊。"

柳总说："我们不等他，先开会吧。"于是我们就开始讨论了。

开了不到七八分钟的样子，那位 ××× 大气喘着进来了，一看就是路上跑着过来的。

柳总问："你为什么迟到？"

那位答："路上堵车，太堵了。"

柳总再问："这不是理由，到底为什么？"

那位答："真的是堵，如果真要问原因就是我估计的错误。"

柳总问："你是怎么估计的？"

那位答："我认为我的出门时间是合适的，但还是迟了，看来还要更早一点。对不起，柳总，下一次我一定多预留时间。"

迟到者的表情十分诚恳，就快求饶了，当着会议室这么多人已是很难为情。柳总忍了忍，这才没有追问下去。当时柳总一直发问的劲头真的让我小吃了一惊，因为这并不是联想的内部会议。我以前只是从《联想风云》上看过相似的情节，但活生生地在眼前发生，感受还是很不一样。联想那个千人大会开始的下午，因为我是主持人需早到一小时与到场的嘉宾交流，在贵宾间里，我也看到上次迟到的那位，因害怕迟到他也早到了整整一个小时。

我和柳总的相识是在 2000 年。当时，我作为央视《对话》栏目的制片人，希望找到一位代表民族品牌的企业家来参加 2001 年新年节目的对话，因联想当时在中国企业中的影响力，我们找到了柳总。他约我们去了他在万泉小区的家，那时的他已从科学院辞职创业十七年。

他的家十分整洁，所有的家具都摆在合适的位置上，客厅各处一丝不乱，很有纪律的样子。厨房的门对着客厅，在我眼力所及的地方收拾得极干净，煤气灶上熬着一个米黄色的陶瓷罐，一缕缕鸡汤香飘过，从客厅到厨房，整洁而温馨。快二十年过去了，他家的这些细节我仍然历历在目，因为柳总的这个家是我认为的一个家应该有的样子。他的家一看就知道，这是一个主人勤俭节约、持家有方、做事讲规矩、做人有原则的家庭。后来我去过很多有钱的人家，许多家已经不像家了，它们讲究得像博物馆，有的宏大得像电视剧拍摄基地，更多的像会所。总之，在那样的家中你找不到家居的气息和家居生活的细节，多的是不必要的铺陈，那些家好像主要是为了迎宾用，而不是家人起居的舒适。

那个下午，在柳总家那个温暖的客厅里，他给我们讲了他年轻时求学的趣事，他在科学院的苦闷以及离开体制创业的艰难。听完后我和同事都认为他是一个不可多得的企业家和嘉宾，因为，他有气节有追求，有实践还有一些理论的总结，而且做人是非分明，充满正气。

此后，柳总成为了《对话》的常客，我们栏目的工作人员都喜欢请他。因为能做还能讲的企业家很少，而且在电视节目中的表达上，他普通话标准极了，声如洪钟，吐字清晰，这些都是我们编辑人员最喜欢的。如果一个嘉宾口音重，不仅会给后期剪辑带来更多的工作量，播出的效果也不会太好。柳总说话从不拖泥带水，判断少见模棱两可，说话算数，从不迟到，找到这样的嘉宾对于从事媒体工作的人来说是如获至宝。有一次我跟柳总闲聊时，我说某某嘉宾答应了来《对话》节目，最后一天，他自己不来，派了个副总来，我们既不能取消节目，也不愿意继续做，给我们出了很大的难题。

当时的《对话》有一个不成文的原则，因为是一档大剂量的访谈，我们从不请副职做主嘉宾。并不是副职不重要，而是因为任副职的人没有掌握公司全部的信息，领导力也要差一些，即便不差，到了现场也放不开，或者不敢讲，这样出来的节目质量当然不理想。我把这个情况跟柳总说了。记得有一次活动，那位企业家也来了，他当面批评了那位企业家，说不该答应人家的事情后不守诺言，只要是应了人家，哪怕当天下刀子也得去。那位企业家点头称是，表示以后再也不会了，那个场景足见柳总在企业家中间的威信和地位。

《对话》团队的同仁们只要哪一期有柳总参加，就不用担心嘉宾会迟到，更不用担心节目质量。我们都愿意请他，时间长了，他成了我们的良师。

我离开央视创业这件事情，于情于理，必须第一时间告诉柳总。柳总听完后问，我们怎么能帮到你？我说，我找个时间详细向您请教如何创业。

后来，我去了联想集团的总部，他的秘书徐杨说他正在等我。他让秘书叫来了弘毅投资的创始人赵令欢，赵令欢手里拿着一个笔记本

2001 年到 2003 年期间，我在央视贵宾间接待柳传志

央视《对话》栏目创始团队

2002 年作家金庸（已故）来《对话》

进来了，坐在奶黄色的沙发上，随时准备记录的样子。我当时跟柳总讲了那个极不靠谱的淘脑计划，针对我的项目，他没有发表任何评论，顺手从墙上拿起一个小白板，在上面一边写一边讲了起来。他讲的是创业要定战略、搭班子、带队伍，我听起来也认为很有道理，点头称是，老实说对于如何用在我自己的创业中，仍然一头雾水。讲完后，他对赵令欢说，你来负责帮利芬融资吧，你牵头把这件事负起责任来，赵令欢点点头。

柳总的办公室东边有一面落地玻璃窗，阳光从窗外照进来，透过

第九届、第十届全国人大常委会副委员长成思危来《对话》

国务院新闻办公室原主任赵启正（左一）和文化部原部长孙家正（左二）来《对话》

科技部原部长朱丽兰来《对话》

中国证监会原首席顾问梁定邦来《对话》

原中国网通集团董事长兼 CEO 田溯宁来《对话》

财政部原部长项怀诚来《对话》

李开复来《对话》

王石、张欣来《对话》栏目，左一为黄晶生

通用电气原董事长兼 CEO 杰夫 · 伊梅尔特来《对话》，右一是企业家尹明善

宝洁公司原全球董事长、CEO 来《对话》

我和通用电气原董事长兼 CEO 杰夫 · 伊梅尔特在《对话》现场，中为主持人张蔚

我与通用电气原董事长杰克 · 威尔奇（右一）

一棵高大的散尾葵的叶子，那些弯曲的叶子有时因他姿势的倾斜，叶片的阴影会映在他脸上。明暗的光影中，我发现柳总与十年前参加《对话》节目时相比，老了许多，头发也有些花白了，岁月的风霜让他的眼神更加锐利，也让他的面容更加包容。

2010 年 1 月，我在瑞士参加达沃斯论坛，正好在会场碰到赵令欢。他说柳总最近又找了他，非常认真地讲了关于我融资的事情，嘱咐他要负责好，我听了倍感温暖。2010 年春节前的一天中午，我正在吃饭，手机忽然收到一条短信："利芬你好，要过春节了，这是我的新手机号，你要有急事可以直接打这个电话找我，当然没有急事还是通过徐杨，柳传志。"徐杨是他的秘书，此前我们邀请柳总的所有事情都是通过他来对接的。我刹那间明白了这条短信的全部寓意，眼眶热了一下，急忙离开餐桌，跑到洗手间，泪珠像断了线一样流了下来，一种难以言喻的感激之情让我泪如泉涌。那是我离开央视的第一个春节，在柳总的意识里，我离开央视这个平台后，他一定担心我在刚刚离开一个大平台后，有一种心理上的反差和不适，如果有什么事情会找不到组织。他希望在这样一个特殊的阶段，在我有困难向人求援时能找到他。

我后来一直想，他一定是在当年离开科学院创业时有过类似的情感。半辈子都习惯了有事找组织，忽然离开组织了，一定有一种情感深处的不自在。这种情感其实身在组织中的人体会不到，因为即便你不找，组织也在那里，而离开了可能会不一样，哪怕不找，也会有一种离开后孤立无援的感觉。他认为在我创业刚刚起步的阶段，在春节这样的节日来临前会有这样的时候。

道农会上我拍摄的照片，柳传志与赵令欢演话剧，柳总扮演列车长。

后来我在《联想风云》中看到，柳传志开始创业时，一直坚持要在中科院计算所的领导下来进行。“1985 年 12 月，也即公司成立一年之后，很多人都希望公司能够在独立的轨道上走得更远，比如建立董事会以使公司完全摆脱计算所的控制，但是柳传志坚决不同意。效忠与背叛构成了当时个人和组织之间的常态。柳传志越是相信自己已经走上一条不归之路，也就越是要让自己更像一个忠臣，而非叛逆者。他在总结大会上宣称：公司不设董事会，在所领导直接关怀和领导下开展工作，这就保证了公司的一切行动纳入全所统一发展轨道。在以后的二十年中，公司内外的人们无数次提起这个话题，人们渐渐倾向于认为，计算所掏出 20 万元便每年坐收渔利数千万元，实在是占了天大的便宜……柳传志一次又一次地站出来为计算所辩护……还证明如果不是行走在计算所的统一发展的轨道上，公司将一事无成。”20 世纪 80 年代中期的社会还是一个离开了体制很难生存的时代，以柳总对体制的理解，他此举一方面是为了联想的发展，让中科院计算所为其保驾护航；另一方面，他应该是在心理上仍然割不断与体制的纽带。

虽然二十多年后，离开体制创业已不少见，但每一个离开的人一定经历过内心的种种挣扎，这些柳总心里应该跟明镜一般，所有那些深谙世事的洞悉其实都只能从超过常人的痛苦体验中来。我当时离开央视就是完全割断了与央视的关系，这就是为什么他在我离开央视的第一个春节发来了这样的短信。

如今，我告诉柳总要放弃创业后，在他脸上看到的是对我的宽容和恻隐之心。我说："谢谢您，柳总。"随后我指了指马云说："我跟他说说。"柳总点了点头。

正在跟人聊天的马云根本用不着我打断他，他下意识地回过头来了，此时柳总已经站起身下楼了。

我坐在马云旁边，马云说："你说吧。"

我用力咽下一口唾沫说："我想把公司卖了，不想做了。"

我基本上是机械地把跟史总和柳总说的那句话重复了一次，但不知道为什么，我发现我的声音小了许多，底气也不足。

他没说话，眼里闪出了一个异样的表情，那个表情我很熟悉。在三届《赢在中国》中，我不仅在现场要观察他的表情，而且因为后期我常常要改片，一场节目下来要多看至少三四次，由于给评委的都是特写镜头，所以我对他的表情再熟悉不过。他的那个表情是在选手说了一些他并不认可的话、有疑点他需要着力点评前常常出现的样子。

我看着他，脑子里回响着他的名言：“今天很残酷，明天很残酷，后天很美好，但很多人死在明天晚上，看不到后天的太阳。”我在心里说，马总，我就是那个死在明天晚上的人，我也不想看到后天的太阳了，你看到了后天的太阳，但我大概知道你受了多少委屈和心酸，你曾说做梦都是在爬山，是一座又一座爬不完的山，我不想爬了。我知道你说过一些你的困难，但还有太多你永远不会说出来。但我不想受你那样的苦，我可能在那样的苦难面前也熬不过去，我当然也不想要你那样的辉煌人生。因为正是从你的身上，我看到了成功与苦难是成正比的，我希望在我还能选择后半段人生之际可以不受你历经的煎熬，而且，即便我受了那样的煎熬，因时代变了也未必能有你那样的结果。我希望我的苦难少一些小一些，我想清楚了。

他看着我的表情很复杂，其实只有几秒钟，但我觉得漫长且难熬。我隐约听他好像从嘴里说了几个字，“要放弃了”。事实上我并不确定他是否说了那几个字，但他的神情就像在那样说。

我知道“永不放弃”是他的座右铭。我亲耳听他说过，“在互联网的寒冬里，如果那个寒冬季节再漫长的话，我们跪也要跪到春天的来临。”这是他曾经在我向他请教创业问题时对我说过的一句话，听众只有我一人，我当场听到时内心有很大的触动。现在看来我当时没有明白这句话的分量，我今天才知道不放弃的代价是什么，我只想为他这样不放弃的人做鼓掌的观众，而不是成为主角。

他说完“要放弃了”那四个字后，好像叹了口气的样子，忍着没有批评我，因为身边还有其他人。其实他是否叹了口气我听得也并不是很清楚，但他的表情是在叹气的样子。我相信，如果不是在那个嘈

马云在《赢在中国》演播室现场

杂的饭桌旁，如果只有我们两人，他一定会把我的创业分析一下，就像他在《赢在中国》现场点评那些选手一样。如果他分析完，我一定被他的气场感染，然后有可能我会重拾信心再战江湖。我庆幸找了这么个场景来告诉他，因为我真的就是不想干了。

其实，马云并不是一个苛求人的人。在我创业的前几年，我还当面向他请教过好几次，对于我那些小儿科的问题，他十分耐心地跟我一点点解释，与他在演播室点评选手没有两样。现在想来，我真的觉得浪费了他宝贵的时间。

2011 年，优米做《在路上》，我请他到首都经济贸易大学与大学生交流。在开始前一个小时我给马云打了个电话，我问他到哪里了，他说自己正在发着烧。我问烧到多少，他说大概三十八九度的样子。我说取消吧，我直接告诉学生们，说你生病了，同学们一定会理解的。他说你不要取消，这样不好，我尽量发挥吧。

那是一个严冬的晚上，穿着厚厚棉服戴着帽子的学生们提前几个小时在讲堂外排起了长队，学生们缩着脖子双脚不停地交替着踱步。那天他还是准时来到了现场，脸上是土黄色，我反复问他行不行，他说放心吧。

那场活动举办前，有一位企业家要赞助，优米负责市场的同事问我可不可以接受这个赞助。我说如果马云认为不合适，我们就不要。马云来现场后，我小声跟他说今天有个赞助，你要觉得不合适我就不要了，他说这没什么不合适啊，还说你这才叫创业呢。过了一会儿，那个赞助的企业家也进来了，我跟他介绍，他拍着那位企业家的肩膀说：“谢谢你的赞助啊，利芬的事情就是我的事情，你多帮她。”

2005 年到 2010 年参加瑞士达沃斯论坛期间与马云的合影，左侧照片我的身后是美国亚洲协会美中关系中心主任夏伟

我在一旁听了非常感动。那天我对自己说，但凡有一天我能够帮到马云的话，我一定会义无反顾，毫不犹豫。我相信，以他的为人，周围一定有不少像我这样的朋友和同事。后来，我曾无意间遇到过许多从阿里出来的同事，他们对马云并不熟也没有说过话，但对他充满着感激，他们说如果不是阿里这家公司让他们开了天眼，他们一辈子绝不会过上今天的生活。每每听到这样发自内心对马云的感激之情，我就想，其实一家成功的公司并不只是市值的多少，而有着更立体的价值，特别是让员工成长的价值更大。

那天晚上，马云与大学生的对话警句不断，掌声此起彼伏。那场《马云与中国八零后的对话》仅在优米的播放量就达几百万，后来在各大网站有各种长短不一的视频广为传播。2013 年我们跟江苏卫视合作《赢在中国 · 蓝天碧水间》，节目总决赛时，他当时的行程完全不可能来现场，我们也做好了他来不了的准备，但他还是专门飞了一趟，他说答应了我还是要来。那天比赛持续了五个多小时，他驾驭企业的积

2016 年 1 月我为马云拍的照片

累让他对创业者的点评如同庖丁解牛，他和柳总的点评给现场几百名企业家上了一堂最生动的案例课。

记得 2012 年，马云特地来到优米看看我创业的状况。优米的团队都认识他，特别是央视《赢在中国》的制作班底对他更是熟悉。他一进门就被同事认出了，我请同事们来跟他合影，由于人太多，同事分了很多小组，他很有耐心地与一组组同事合影。他走后有同事对我说："马总跟那么多同事合影，那么长时间还一丁点不耐烦的情绪都没有，让人好感动。"

在马云面前说放弃，这情景真的很怪异。我觉得自己根本经不住他的打量，赶忙说："马云您先忙啊，我就不打扰了。"接着我就起身走了。

2017 年马云在海尔集团准备为湖畔大学的学员讲课

跟这三位企业家说我想把公司卖了的对话，是我一辈子都难以忘记的，因为这清清楚楚地丈量着一个真正优秀企业家与我这样一个创业者之间实实在在的差距，而且我认为这是一个我根本没办法通过努力可以缩小的差距。

在我接触到的所有人群中，那些身经百战的企业家们对人性的把握和洞察使我佩服之极。他们上天和入地的时刻都经历过，所以一眼就能看穿许多藏在云里雾里背后的事物本质。跟他们打交道，我只需要表现得像个孩子一样真诚即可，任何修饰和掩盖都会适得其反。他们除了用眼睛观察，还用后脑勺、用身心全方位接受着信息并瞬间进行化合，在很多时候这种能力秒杀推理和逻辑，直逼问题的本质。这种以直觉见本质的能力，我在跟一流的学者和艺术家打交道时也感觉

2012 年马云与优米同事合影

到了。每个行业的牛人在达到某种境界后，其见本质的精华部分都是相通的。

在与社会各类不同人群的交往中，我认为有情怀有理想的企业家是一群最好打交道的人。他们深谙人性，懂得世事的艰难，他们对弱者充满同情，这种极强的同理心是因为他们曾经长时间体验过社会弱者的角色。

企业家与资本家有着很大的区别。企业家知道投入回报的规律，但他们并没有把它运用到与人的交往上，他们看人的双眼并不以投资回报的比例来释放热情的多寡，他们脸上的热情也并不因你能带来多少财富而增减。他们聪明但不精明，他们善用资本家的手段，但使用

2010 年在范曾先生家书房

的不是资本家的逻辑。

从杭州回北京后，我虽没有如释重负的感觉，但跟三位企业家交流后，我可以实质性地操作了，尽管马云并没有表达明确的支持，但他的态度绝不是在投资回报的角度上考虑问题，而是关乎我对创业的理解和实践。除了那三位企业家，极少的人知道我要卖掉公司、放弃创业，我希望用最快的方式让购买方把公司拿走，让原有客户和业务得以顺利对接，然后，我没有遗憾地结束掉我的创业旅程。当时我并没有想到不创业后做什么，反正就是不想再继续下去了，那个决心看似坚如磐石。我先是迅速关掉了行行 APP，盘点了公司资产，然后做了人员的调整，留下了一个维持优米基本运营的小团队，等待着与购买公司的业务交接。

我曾在文学作品里看过的一个情节可以反映当时卖公司的最后决定。父母因为养不活孩子，决定把孩子送给大户人家，在孩子离开前，父母为孩子出门有条不紊地做着种种细节的准备。大户人家来了，孩子死活不从，哭得撕心裂肺，死活要跟父母在一起，当孩子被带走的那一个瞬间，这对穷父母堆积的情感如同火山般爆发。他们一把揽住孩子，发誓一家人即便饿死也要在一起，最后那个大户人家只好悻悻离开。

优米，就是那个要送出去的孩子，而我，就是那对养不起孩子的父母。发生在我身上的情景跟那对穷父母一模一样。当所有的条款全部谈判就绪，最后只剩下盖章寄出的那一刹那，我选择了不卖。其实我没有任何像样的理由，直到今天，我仍然找不到突然不想卖的原因。我只好告诉购买方我不卖了，好在对方善解人意没有多问，真问起来我什么也回答不了。

我曾经在采访时遇到过一些嘉宾，他们在回答关于人生重大转折为何会发生某些事情时，我常常得到答非所问的非相关性答案，而且有一些人的决定让人不可思议。我也曾想刨根问底，但对方真的给不出令人信服的答案。现在轮到我人生中这个情形出现时，我刹那间懂了。我甚至想，人世间那些最重大的决定，多半是非理智决策的结果，是从最隐秘的地方发出的神秘信号干预的结果，那是一个无法用逻辑穿透或者解构的信号。

我把优米这个孩子揽在怀里，不卖。我知道我必须继续找路，无

优米大堂的 logo

我戴着优米的胸针

论前面是怎样一条路，无论后面有没有退路，我的双脚都得上路。

既然要做下去，那么怎样做立即成为了最大的问题。回顾我们过去几年的业务探索，我们发现有一条主线一直没有扔掉，那就是对创业者的服务，只是以前由于想做知识付费，创业只是作为一个类目出现。经过不断的讨论，我们决定将服务对象具体化，考虑到创业者需要服务的场景，我们决定增加线下产品，用线上线下等各种方式服务用户群。

我戴着优米胸针在节目中出镜

我戴着优米胸针主持深圳卫视播出的《对话王利芬》节目，左一是媒体人包不同，左二是北极光创投创始人邓锋，左三是海聚海外创始人陈歆怡。

7. 聚焦创业者服务

2017 年年底，我们彻底认识到平台的机会已基本没有了，我们不得不重新调整团队，做创业服务的产品供应商，并放弃平台的追求，向垂直性方向整合。服务的形式也开始多样，有音频、视频、地方性的分散交付，也有集中小课的交互式培训。

创业后，我执着于观念和知识的传播，根本不想做实业实体，所以创业范围的选择也只能在媒体、知识付费以及培训这三个圈子里打转。要命的是，我们直至 2017 年都没有找到真正的用户群，更不要说痛点。旧有行业划分的思维惯性，让我们犯了为互联网而互联网的毛病，这个问题在许多想转型的企业家那里都出现过，在我们这里更加严重。2017 年年底，我们终于根据创业者这群用户的需求，丢弃了对互联网的种种执念，融合各种手段来服务他们了。

有太多的人对互联网这个技术本身给予了过多的期待，而忽视需要服务的人群本身。当一个大的技术浪潮来临时，总有一些人会过分夸大它的作用，让其从工具变成内容本身，最后本末倒置。互联网作为可以时时与用户交流并时时得到反馈的工具，它的作用的确被过分放大了。对于浅层次的需求满足，它的平台利器已然造就了一批高估值的公司，但是线上流量萎缩后，面对需要更为复杂的产品和服务这个难题，互联网的利器作用其实在一点点减弱，并逐渐下沉为基础设施。与互联网技术相比，对客户本身的理解，相应产品和服务的设计重要太多。但这都是后话，若是身在其中退回到事情的那个节点上，

2017 年年底优米聚焦创业服务后我与金牌用户合影，站在我左手边的是阿里巴巴集团副总裁、阿里研究院院长高红冰。

向未来多看远一厘米其实都是极其困难的。

2017 年下半年，我们的思路开始一点点清楚，此时，七年时间已经过去了。一个投资人曾经说过，创业就像是你开了一架飞机，飞机在坠毁之前，你需要再重新安装好另外一架飞机，这听起来基本上是不可能完成的任务，但这个比喻却道出了创业艰难的事实。这就是为什么一般的公司会在创业三年后死掉 90%，五年后死掉 98%，能活过六年以上的公司其实是相当不容易的。

频繁的尝试和折腾，公司竟然没死，而且到最后还可以有一个服务创业者的业务延续，这一点既是对我的一个安慰，也可以看作是在飞机坠毁之前勉强安装的另一驾小飞机吧。至少，它让我可以把创业以来的教训沉淀下来，让我们在服务创业者的产品开发和服务方式上

2013 年马云和柳传志为拍摄《赢在中国 · 蓝天碧水间》在我的办公室讨论

更有手感。

这架飞机很小，但是它的意义很独特。回想我初次创业到现在这一路颠沛流离，我痛感没有一个针对初次创业或者创业前期的学习平台，没有人把创业中那些明显可以避免的错误告诉我们，没有一款产品可以告诉创业者，作为一个创始人该学的看家本领到底是什么，创业的步子该如何一步一步迈出。

在千百万创业大军中，只有少数创业者很幸运，他们在融资后，专业的投资机构担当了教练的角色，但这样的公司少之又少，每年只有几千家创业公司是这些投资机构看中的对象。而更多的创业项目得不到投资机构的垂青，他们只好一次次用线性的生命撞着南墙，待他们惊醒时，行业窗口机会不再有，时光已逝去。

市面上培训企业家的机构很多，但是针对初创企业和创始人的培训少之又少，如果有，也是请有名的大企业家站台式的励志讲演，或者一些没有创业经验的讲师型的人在讲着他们自己也不甚明白的东西。初创企业的创始人像一个被遗忘的群落在经济大潮中自生自灭，我自己走过了这段黑路才知道有多么残酷，那一群创始人有多么无助。

从创业开始，我就采访了大量的企业家，优米上也开出了许多创业的课。刚开始，我们都是请成功企业家来讲，但初创企业并不是大企业的翻版，它有自己独特的生长规律和生命轨迹。成功企业家的讲课除了可以拓展我们的认知，并无太大的针对性，而且，如果有些观念不加以实施前提性的限定，还会误导。

在优米采访企业家时，我都可以直接发问直接学习，现在回看当时的视频，当时的采访多半是在请教如何创业，而不是从传播的角度来提问。优米也邀请了大量具有实战经验的创业者来分享，这对我在这几年创业中进行新的尝试时能及时调整和自我纠正错误有很大的作用。正是这些学习，让我在犯每一个错误时，快速意识到了问题所在，从而调整路径和方法。从某种意义上说，这些创业分享和课程在某种程度上救了优米的命。

十年创业后的业务沉淀，肯定与外界对我的期许和我创业之初的热情有落差。问题是，这个落差是怎么形成的呢？

站在创业十年的节点上，我可以清晰地看到时代所给予的这十年互联网创业的机会到底有哪些？和我密切相关的哪些机会被我错过了？如果我抓住了又会是怎样的结果？只有回答了上述问题才可能把落差到底有多大丈量出来，落差的形成原因也会随之明了。

第二章

chapter 2

创业十年 我错过了哪些机会

我创业的初衷是希望在互联网的大河中找到自己的一只帆船来航行，以此避免人生后半段的重复和一眼见底。所以，我的盘点也只在中国互联网这个产业带来的机会中进行，这样才接近事实本身。

至优米网上线的 2010 年，中国互联网已以迅雷不及掩耳之势快速发展了十二年。这十二年中，通过线上就可实现的商机，被中国的互联网弄潮儿们按照难易程度逐一进行了扫荡。互联网这个利器最先攻破的就是媒体，先是报纸和图片，接着就是视频，这让三大门户网站应运而生。接着是线上游戏、电商、搜索和社交软件，然后是视频从门户中分离出来一批，新创了一批，形成了一波竞争。当时人们因为不知道该上什么网，所以导航网站也成了流量的聚合地，当然也成了一种快捷的商业变现方法。与此同时，分类信息网站也形成了一波竞争热浪，随后，社交媒体兴起。这一波又一波的互联网商业公司成功的总体特征，是找到了通过线上手段就可以解决的商业变现模式，其中最大的需求当数电商。在阿里与京东两大巨头之外，还出现了唯品会、聚美优品、导购网站、母婴电商、服装电商以及大大小小的导流卖货网站。第二大需求当数游戏和社交，这个需求被腾讯牢牢占领。第三大需求是搜索和网络广告，这个需求百度拿走了。还有其他需求如网上娱乐被优酷等三大视频网站抢到，安全领域和一个导航网站的机会被 360 逆袭。这些互联网公司一个显著特征就是员工上班一台电脑就行，少量的公司需要一些线下团队配合，但多半以线上流量为主。

在互联网带来的商机中，明显可以看出是需求的大小决定了公司市值的高低。这情形很像西部淘金，西部可以比喻为互联网，一群人知道西部有黄金，从四面八方赶过去。一段时间后，那些含金量高的地方一定会被人抢先开发，这就形成了相对大的金矿公司，而后来者只好到那些含金量并不高的地方开采，其开发难度一定加大，成本也更高一些。还有一些含金量高的地方可能偏远、危险，而且面积不大，但还是会有一些人前去开发，这就像层出不穷的以开发服装品类或者母婴品类为主的网站。它们要么以社区为先导，要么以相关内容为获客手段，或者以打折为主，总之各种先找流量再变现的购物网站前赴后继地出现。在购物、社交和搜索的需求被抢占后，其他互联网公司所满足的需求就没有这三个需求广泛而密集了，所以后面公司的估值当然会小很多。与此同时，还有一些小型的公司好像西部开发金矿时卖水卖工具卖牛仔服的公司，就类似我们这些服务创业者的公司。

2010 年到 2019 年这十年，是中国互联网发展的第二个十年，线上可以完成交易的需求基本解决，互联网不断整体沉降为创业的基础性工具平台，其二十年来累积的大数据已成为下一轮工业互联网和人工智能以及智能制造的生产资料。第二个十年互联网的发展趋势是在第一个十年大的需求被 BAT 这几家巨头解决后，进一步挖掘规模较小一些的需求，它们的收入规模和利润都相应小一些。第二个十年中，又出现了三家巨头，今日头条、美团、滴滴，号称 TMD。其中，美团解决的是本地服务需求，滴滴解决的是出行需求，今日头条解决的是资讯娱乐。前两者是 BAT 未能解决的需求，后者本来是微博、百度和微信朋友圈已经满足了的绝大部分需求。但今日头条在 PC 向移动端切换的过程中，生生将大数据这个互联网沉淀出的宝贵财产用上了，并找到了按照需求靠机器学习和分发的运营模式，解决了个性化的信息需求，从百度和微信、微博三家中生生抢走了一大块广告资源，而且还乘胜追击，开发了广受年轻人追捧的抖音。这让它在信息和娱乐两大板块中不仅站稳脚跟，而且成为流量红利的新爆发点。

除了 TMD，2010 年后，还出现了一轮团购网站的竞争，这次参与的拼杀者基本全军覆没，只留下了一个没有参与竞争的美团。2012 年是智能手机元年，智能手机的机会是互联网后十年最大的机会，它催生了小米这样一批生产手机的公司。这期间有一大波 P2P 互联网金融公司在 2013 年如雨后春笋般出现，还有一波直播平台的竞放，有五颜六色的共享单车的争奇斗艳，有以共享的名义出现的共享汽车、共享充电宝、共享衣橱等诸多公司，有几个在线教育平台的出现，有一批知识付费公司的诞生，在微信公众号上长出了一批自媒体大号。

以上列举的就是中国互联网第二个十年带给一批公司的机会，在 BAT 和 TMD 后面的这些公司，它们面对的需求相对变窄，量也较小，所以公司的估值都很难超过 BAT、TMD。这六强之后，五百亿美金市值的公司至今还未出现，这也再一次表明，需求大小决定了公司市值的高低。

在以上这些机会中，除了知识付费、新媒体和创业服务三个行业，其他的机会跟我并没有太多的关联度，也与我投身创业大潮的动因不相干，所以我的复盘也只能在这三个行业中进行。

1. 知识付费这个赛道真的是我的机会吗

我最想做的淘脑网其实就是今天的知识付费业务。在这个赛道上诞生了三个平台，它们分别是喜马拉雅 FM、知乎、蜻蜓 FM，这三个平台也最接近我离开央视时想做的那个淘脑平台。

喜马拉雅平台组建于 2012 年 8 月，产品是在线音频，说通俗一点就是移动互联网时代的广播，从一开始它做的就是平台业务。优米开始视频平台探索是在 2010 年，其实比它早了两年，但由于我不懂技术，并不知道视频在线技术在当时还有许多难点没有解决，支撑同时在线的视频小教室的运作既复杂又费成本，所以我们当时放弃了。两年后，喜马拉雅用音频的方式解决了这个问题。

喜马拉雅的创始人余建军是理工科背景，懂技术。在 2012 年创立喜马拉雅前，他已经创业了十四年，是一个有着丰富创业经验的创业老手，而我则是一个懵懵懂懂的对商业和互联网并无多少认知的新来者。余建军显然比我更了解互联网实现商业手段的基本属性，那就是互联网无坚不摧的平台模式。

在中国互联网发展的过程中，无论是三大门户、视频网站、搜索还是电商，平台模式变成了互联网整合资源、颠覆旧有行业的利器。它的魔力，在阿里巴巴从淘宝到天猫，到支付宝，再到菜鸟和阿里云的无与伦比的发展势能中已经得到多次验证。无论是 PC 还是移动端，平台模式都会带给公司指数级增长的势能。

但是，倒回 2012 年，我并不清楚这一点。当时试水线上付费

2016 年我与余建军合影

时，如果我们可以把供应链的管理提上议事日程，让更多的知识者到我们的平台上来售卖，产品形式以音频这个更轻量级的方式而不是以视频的方式来呈现，结果也许会不一样，但当时我们完全没有明白互联网平台模式的重点和要义。我记得 2009 年时我跟马云说要做淘脑的平台，其实就用了“平台”这两个字，但那只是字面上的意义，我并没有理解由互联网平台构成的商业模式和自己制作节目来供给客户之间的天壤之别。其实，生活中我们有太多词汇天天挂在嘴边，却并不了然其中的精要。如果赛道选择不对，其实后面的所有动作都会是徒劳的。

当然明白了平台这个模式只是选择了赛道，它并不代表可以做成企业。还有更要命的事情，那就是创始人对团队的理解。喜马拉雅的余建军在连续创业多次后，显然明白了这个道理，他 2012 年与另外一位主要精于产品和运营的陈小雨合伙创业，从一开始他就有核心合伙人与他一起上路。我记得《赢在中国》创业点评现场，“团队”这个词被点评的企业家无数次提到，它可以说是一个让人耳朵被磨出了茧子的词，但在真刀真枪的创业中，却被我大大地忽视了。2012 年，优米不仅有较好的互联网运营人才，还有不错的技术，如果我懂得了供应链的管理去组织生产商家，这应该是一个不错的搭配。随后两年我并没有把组建核心团队的任务放在第一要义上，再加上对平台商业模式的认知不足，业务发展当然会很困难。

就在优米上线两年后，喜马拉雅的 APP 于 2013 年 3 月上线，计划首年实现 1000 万的用户规模，但实际上仅半年即达成千万用户目标。2014 年 5 月初，喜马拉雅激活用户突破 5000 万大关。当月，喜马拉雅宣布公司获得 1150 万美元的 A 轮风险投资，投资机构分别为 SIG（海纳亚洲）、KPCB（凯鹏华盈）和 Sierra Ventures。

当我们往回看时，喜马拉雅不仅准确地理解了互联网的平台业务模式，而且做了供应链的跟进，在喜马拉雅勾画的产业链里，出版社、作家、播主、粉丝、品牌等一切有能力生产音频产品的人和机构，将通过喜马拉雅平台与用户连接在一起。而且，喜马拉雅起步就是移动互联网，接着资本投入，这家公司自 A 轮之后就基本走上一个相对稳定的发展轨道。

如果我们再进一步深究，就算我做到了喜马拉雅做到的几点，那又会怎样呢？

第一，清晰地认识到了互联网商业模式平台的性质。第二，找到了合伙人。第三，跟进了融资。第四，优米没有推出技术难度相当复杂、成本耗费多的视频产品，取而代之的是音频产品。第五，把内容供应链组织起来。第六，在 2013 年的第一个季度就推出移动端的 APP。这六点在 2012 年我能做到吗？对于一个创业才两年的新手来说，我可以斩钉截铁地说，不可能。退后一步说，就算我是创业奇才，创业悟性极高，这六点都做到了，我们能赢过喜马拉雅吗？我还是斩钉截铁地说，不可能。

因为，外在市场一致，内在驱动力差不多，最重要的就是与之匹配的能力。我本人的能力优势是产品的生产能力和资源的缝合能力，但这项能力如果不能有效地嫁接在正确的平台式发展的赛道上、内容供应链的管理上，反而会形成制约发展的阻力。再进一步问，如果我们将上述六点都做到了，即便赢不了喜马拉雅，是否会成为第二名第三名呢？仍然是一样的答案，不可能。因为第二家第三家的创始人也是互联网的连续创业者，还是学计算机出身，他们对互联网的理解比我要强太多。这个就像让他们跟我一起比赛做电视节目做新闻报道，其结果会显而易见一样。

当时，跟喜马拉雅 FM 竞争的还有知乎，知乎的创始人周源从成都理工大学计算机系毕业，曾经是《IT 经理世界》的记者，也是媒体出身。2008 年开始创业，他在第一个项目失败后，2010 年创办知乎，第二年就获得了创新工场李开复的天使轮投资，之后又获得启明创投的千万美元 A 轮投资。2018 年 7 月，知乎完成新一轮接近 3 亿美元融资，本轮估值接近 25 亿美元。

还有一家叫蜻蜓 FM，该公司着手于移动互联网上的音频业务。

它的创始人叫张强，是中国第一代互联网创业者、天使投资人，曾经创办过上海热线并兼任总经理，也是第九城市联合创始人。他跟余建军一样，也是一位连续创业者、创业的“老司机”。2011 年 9 月蜻蜓 FM 的 APP 就在苹果应用商店上线，安卓版也在 2012 年 3 月上线，它比喜马拉雅上线还早了一年多，它的融资时间也比喜马拉雅早了一年多。2013 年，蜻蜓 FM 还获得了李开复创新工场的 A 轮融资。2017 年 8 月 蜻蜓 FM 完成 E 轮融资，融资金额达 10 亿元。

2. 知识付费创业大赛中我的排名如何

互联网平台性经营的战场，有一个不成文的事实，它基本上是一两家巨头会占据绝大部分市场，最多也是三分天下，排在后面的公司生存的机会很小。这是因为平台化的技术手段对于资源的集聚更集中更有力，头部效应也十分明显。它不像传统产业，比如房地产行业，前十位都会形成产业中的排头兵，排在几百位的也有活路。

所以优米即便那六点都做到了，连前三名也排不进去，仍然是一个没有希望的结果。这就是说我从离开央视，起心动念想做淘脑网那一刻起，就进入了知识付费全国性的赛道，而且结果早就注定了，我不可能成为前三。想到这里我不禁有一点后怕，后怕的是很多答案其实早就写好，只是等着一个时间节点来检验而已，也就是说，我几年角逐的创业项目其实是一场胜负早已写好的比赛。

若是有人在十年前告诉我这个结果，我一定会不以为然，说多了我还会据理力争。如今我坦然接受，因为这不再只是一个假设或者推导，而是我身体力行苦苦追求后的事实。事实终究是事实，明明白白地摆在那里，它并不以人的意志为转移。

知识付费的淘脑网是我最初创业想做的，也是在我创业中出现的一次机遇。这个机遇与前十年的那些机遇比起来其实要小太多，但它是一个与我的创业初衷最最接近的机遇。这个机遇我没有抓住，原因是我缺少与之相关的经验和匹配的能力。

不过，我并不后悔失去了这次机会。总体来说，音频平台的市场总量并不大，喜马拉雅、知乎、蜻蜓 FM 三家平台级公司加在一起的收入规模在 2018 年不足百亿元人民币，而且三家经营基本都处于亏损状态，到底亏损多少不得而知，因为三家企业均未上市。蜻蜓 FM 由于被央企股东挂牌转让所持股权，顺带让我们了解了蜻蜓 FM 在 2017 年亏损 1.7 亿元之后，2017 年全年的营业收入为 2.6 亿元。

三分天下的音频平台竞争格局还会继续下去，收入随时间增长也可能不是一个悬念，但是它的增长并不是一个指数的量级，而是一个缓慢的过程，其间也不排除平台级的公司被收购作为业务生态的补充。如果我执意要进行这样的淘脑平台创业，时至今日如果还侥幸活着，生存的艰难是可想而知的。如果我是第四第五个平台，我一定会想办法关掉，因为，前三个平台都已经很难了，第四第五个根本没多少活路。而且，如果是平台级的公司，其员工数以千计，今天关掉这样级别的公司做到不亏欠员工是很难的。创业十年后，如果是这样一地鸡毛的境地还不如不开始。想到这里，我倒是有几分庆幸没有一条道走到黑。

互联网平台模式的机会今天已经很少了，虽然工业互联网的推进又给互联网平台模式带来了新的希望，但是平台的复杂程度已今非昔比，无论是业务的纵深度和需要连接的点都更难驾驭。而且在互联网发展二十年后，行业业务优势正显得比互联网技术优势更为重要，从互联网平台出发去改造某个行业，反不如本行业的专业人士利用成熟的互联网技术进行改造更有优势。

在我看到的许多创业者中，他们跟我一样看准了一个需求，有足够的热情，但他们并不是最适合拿到这个机会的人。为什么呢？任何一个互联网创业项目只要问世，它比拼的战场就是全国性的，有时可能还是世界性的，所以，你的才能要在这个范围内来考量才能衡量你是否会在某个赛道上胜出。

我曾经制作的《赢在中国》是一场人为组织的比赛，它可以清晰看到竞争的各方，参赛的选手就是那么些人，比赛的项目也相对简单，还有企业家点评。由于它是一个电视节目，节目制作方要考虑其可视性，所以它更容易看到的是一场比思维比表达的赛场。但在实际创业中，任何一个互联网创业项目，产品一上线其实就真正参与了一场全国性的看不见的战场，很多创始人很可能并不知道有哪些人参赛了，因为随时会有来自其他领域的选手杀入这个赛道。而且，由于互联网变革带来的需求有时间窗口，每一个赛道比赛一开始天然就连同决赛的时间也被规定了，其输赢的结果就是谁的用户多，谁最先登陆资本市场，且每一个赛道上互联网平台决赛的获胜者一般来说最多不会超过三名。有一些领域，比如社交软件，连第二名都难以容下。所以，进入互联网创业这条大河，从第一天开始创始人天然就在参赛，就进入了生死时速的较量，只是有太多人还没有进入外围赛就被淘汰了还不自知。

《赢在中国》的赛制设置是先在网站上有一个答题，每一位报名参赛的选手都要填出答案，这些问题当然都与创业相关，大赛组委会根据这些回答进行一次初筛，从中挑出最好的三千名选手。接下来针对这三千名选手划分出全国五大区域，并邀请当地企业家和培训过的评委分别到五大区域面试选手，当时我们还开设了美国纽约站点和斯坦福站点。在三千名选手中我们会录取 1080 名，然后进入我们导演组和企业家组成的视频面试，从中以十比一的比例选出 108 将，这 108 将就会被邀请到北京参加节目组安排的大型活动。然后，我们会再将 108 将分成小组进行一整天模拟实战的比赛，从比赛中选出 36 名选手。36 名选手会参加演播室正式的录制，接受评委的点评，而只有在这个阶段，选手才有机会向企业家和风险投资人讲出自己的参赛项目。我们从中选出 12 名选手，进入实战型的真人秀拍摄，在每一集实战任务中进行两组 PK，最后 5 名选手获得风险投资的机会。

当时在研发这个赛制时，我花了较长时间打磨筛选机制，今天看来，它考验最多的还是选手的思维和表达。真人秀部分虽然是在考验选手的行动力，但这些筛选门槛，比起真正创业的难度来说，仍然可以说是小儿科的级别。

如果把互联网知识付费平台这个赛道的创业用《赢在中国》的赛制来衡量的话，我们来看看艾瑞咨询公司在 2019 年发表的关于知识付费第一季度的报告。音频类平台喜马拉雅 FM 以 12992.0 万月活用户数的绝对优势排名第一，知乎以 4947.8 万月活用户排名第二，蜻蜓 FM 以 4665.2 万月活用户排名第三，其他同类 APP 月活人数均在 500 万以下。2017 年，中国知识付费产业规模约为 49.1 亿元，预计到 2020 年，该产业规模将达到 235 亿元。目前，知识付费产业呈现以下“腰型”结构分布，头部 TOP3 知识付费平台占据 35% 产业规模，腰部 TOP4-10 占据 25% 产业规模，此外众多长尾参与者分享其余的 40% 份额，知识付费产业头部格局已基本形成。

在知识付费的平台创业选手中，还有一个在知识付费这个赛道上进行过种种探索也曾经火过一阵子的分答平台。分答尝试了一种回答问题的轻量级的收费业务，可惜的是没有把控好政策风险被关闭了几个月，整改后再上线时这个平台已经失去了最佳的时间窗口。

与此同时，有一批选手是在微信平台上适时抓住了公众号的流量红利，他们是自媒体大号吴晓波、罗振宇、十点读书，还有一位创业者樊登用线下的方式也让他的音频付费节目获得了千万级用户。从广义上讲，这几位虽没有做成平台，但获得了可观的收入，也可以说是知识付费中除平台之外的一批获胜者。

如果把优米放在知识付费这个赛道上比一比的话，我会把自己排在一个什么位置呢？优米没有做成知识付费的平台，也没有去抓微信公众号的流量红利，仅有的线上知识付费业务我认为也许勉强排在36 强选手中还说得过去。

至此，《赢在中国》的制作人在知识付费这个真实的创业赛道中的结果出来了，或者说，一个帆船比赛的解说员下海竞赛后的成绩揭晓了。

3. 个人 IP 打造是我的机会吗

离开央视时，我是一个媒体人，这当然会让人对我在媒体方面的创业有所期待，我们接着再来看媒体业务在互联网发展的第二个十年有什么样的机会。

在我创业的 2010 年，媒体从三大门户网站已经发展到了社交媒体角逐阶段。新浪、腾讯、搜狐三大微博平台拼杀已经达到了白热化的程度，在很多年里，北京公共汽车的车身上还能看到它们花巨资投入的广告图案若隐若现，那是一些还没来得及被新的广告覆盖的公共汽车的车身。作为媒体人的创业，再做一个这样的平台的机会基本上没有了。但是，就在我创业两年多时，有一位连续创业者在 PC 向移动互联网转化的过程中，竟然做成了一家市值七百五十亿美金的公司。他没有简单地将门户网站的模式向移动互联网上搬迁，而在运营平台上充分运用了数据——这是一个互联网十多年发展积累起来的基础性材料。他以此进行了算法的植入，用机器分发的方式推进了这个平台的发展，这就是今日头条的创始人张一鸣。但这份创业对于我来说是完全不可能发生的，因为这样的机遇只会降临在那些在互联网江湖拼杀多年的技术型赛手身上，特别是对大数据感兴趣的连续创业者。

那么作为会制作内容的媒体人，有成功的创业案例吗？的确有几家不错的节目制作公司，但做一家视频节目或者电视节目公司根本不是我的选项，这样的公司跟我在电视台的工作没有任何区别，它也很

2016 年在《有志 · 赢在中国》节目录制现场

2018 年在广州与用户见面

难与互联网这个时代大潮发生太强的关联。

作为媒体人，还有一条被大家广为推崇的路，那就是个人IP的打造。在这条路上，吴晓波和罗振宇是做得最为突出的，这两位的从业背景都是媒体，两位的经历与我很相似。但是自创业开始，我就不太接受打造我的个人IP，我认为那个形式与一个明星的工作室没什么两样。作为公司可能会很赚钱，但它难以让机构投资者退出，同时，它也很难进化为一家可持续发展的企业，一个以个人IP为核心的业务极难向一个平台转化成功。因为自己提供内容和组织供应链是两个完全不同的模式，前者基本上是内容制作公司，后者才会利用互联网的优势。若是将前者转化为后者，等于把公司模式全部改写，做过公司就知道，上百人的公司要进行商业模式的转变要大换血才能走下去。当然，这样的业务也有被并购的机会，而如果并购，我就要给一家新的公司打工。那样的话，我当时还不如继续给央视打工呢，那为什么要创业呢？而且这样的并购一定会有一个锁定期和业绩对赌，就算完成对赌，我脱身后还创业吗？如果创业，是否要从头再来，我是否还有那样的心气？也许下半生想亲自操盘创办一家互联网公司的这件事就告一段落了。一想到我年富力强的时光并不多，我果断地抛弃了那条路。再说，对赌的条款完不成就更麻烦，有的需要退还资金，还要加上利息。

我认为，一个人的IP很难有转化为一个企业的能力，我也没有想好这种完全以个人能力为核心来辐射的业务形态如何规模化。没有规模化的公司如何可持续发展？有人认为，至少这样做可以获取互联网的流量机会，在互联网创业，流量是第一位的，打造个人IP其实也只是个手段，并不是目的。今天看来，有一些类似获得过微信流量红利的公司仍在探索从微信向自有平台的过渡，能否过渡成功，当然还是一个未知数。总之，这条路被我断然否定了。

由于我反对将我个人打造成 IP，在 2013 年、2014 年、2015 年这三年微信流量最丰厚的时候，虽然知道，也有一些了解，但我并没有跟进。这三年里，我基本上停止了一切项目的制作，希望在在线收费业务上可以走出一条互联网创业的道路。

优米一开始就是用视频点播在收费，靠在线点播收费的视频平台其实没有形成。视频这个属性在播放影视剧时更需要，作为知识性的学习平台，音频就足够了。这就是为什么视频收费平台在腾讯、爱奇艺和优酷三大以影视剧为主的平台手中，这三大视频平台业务中，包月 VIP 会员收费业务一直在增长。仅此一点，也从另外一个角度说明优米用视频的方式来作为产品的表现形式是一个并不经济的选择，这不仅增加了企业的运营成本，而且对用户的流量成本也是一个负担。当然，这一点并不是一个致命的错误。

一件事情做成的三大原因，是有市场，有驱动力，有与之匹配的能力。在知识付费这个赛道上，如果我缺的是与之匹配的能力，那么在媒体创业的 IP 打造上，我最缺的是内在驱动力。没有这个驱动力，我就不可能去跟什么时代大潮，不可能走那个让粉丝变现的道路。

4. 创业服务这个业务我错过了机会吗

最后，创业服务上是不是有比我们好的公司呢？在这个大赛道上，创业黑马在2017年上市了，仅从市值上看，它显然比我们成功。是什么原因让我们落后于创业黑马呢？在创业的最初三四年，有好心的企业家让我和创业黑马合并，当时我还和老相识创业黑马的创始人牛文文坐在办公室里谈了一个下午，但最后不了了之。原因十分简单，到2016年年底之前，我都在做着互联网知识付费的梦，创业服务一直是其中的一个子业务，而且还只是线上的业务。那几年，我根本没有下决心只做创业服务。2017年年底，2018年年初我决定把业务聚焦在服务创业者时，创业黑马已于2017年8月在创业板上市。

我是否后悔没有早点做一个创业服务的公司呢？一点也不。如果我没有前面几年对创立一家知识付费互联网公司的试错，是不会死心的。更重要的是，创业服务并不像互联网公司的发展有明显的时间窗口期，条件成熟，随时都可以进入，做小做大都可行。因为它仍然属于传统培训业务，只是借用了互联网这个工具来获客和服务，并不会形成如互联网平台型企业般的二分或者三分天下的格局。

创业培训这样的业务，增长相对缓慢，如果在供应端和获客端难以有真正奏效的规模化手段，上市了其实更难，因为这样的业务本身就难以追上资本对业务增长的预期。而且带有教育属性的公司做的是慢功出细活的业务，是一个不可能有太多盈利的公司，对于入场时间

的要求并不高。

优米在 2016 年其实终止了上市的进程，当时是因为找不到可持续发展的业务，现在看来，这应该是一个理智的选择。因为这样可以根据自己的能力调整业务形态，可以在一个相对宽松的环境下发展，把产品和服务做出口碑。

由于历史已经写出了与我相关业务的结果，所以很容易看到我到底错过了什么样的机会。首先是我最想做的互联网的淘脑平台，因我的创业资历和能力太浅而与这个机会擦肩而过，也可以说，那个机会是给那些更有准备的人的，并不属于我。鉴于知识付费平台如今的发展状况，这个机会并不足惜。而作为一个媒体人错过了公众号流量变现的机会则有点可惜，但从开始我就并不想走这条路，而且个人 IP 通往平台的路并没有被证明。当吴晓波将公司卖给全通教育时，我其实看到了作为一个自媒体人用知识付费独立发展的艰难。

在互联网发展的二十年后，这两个业务的发展都略显疲态，相比之下，一个可大可小的创业者服务的业务更容易驾驭。这并不是阿 Q 式的心理安慰，不是站在岸边的评论，而是我真实探索后的心理写照。

第三章

chapter 3

我到底是否适合创业

1. 项目式思维与互联网创业思维是不同的

在央视十五年的工作经历中，我们的传播能力都是在一个个节目、栏目、项目中打磨的。长年累月的项目实施形成了一种项目式的思维方式，而这种方式恰恰与互联网的创业思维完全处在两个不同的时代。前者更像开发软件的思维，开发一款软件一般是把所有的相关因素都想清楚然后再着手工作，是一个先画图纸再施工的过程，一旦进入施工阶段，就是一个封闭性的作业。而创业者更需要互联网创业思维，先在有限的信息下推出一个产品，然后面对用户的问题再不断迭代，它是一个不断面对问题解决问题的过程，是一个开放式的架构设定。

我因为没有想好资本的退出不敢果断融资，因为没有想好一个 IP 化的个人如何可以做一个可持续的事业，而错失微信公众号的流量。虽然我并不认为一个 IP 可以成就一个平台，但公司有一个 IP 还是可以在事业的推进过程中减少很多市场推广费用。创业十年中，有太多的事情没有想好就不敢决策。

创业者的决策，一定不是一个将所有的步骤如同软件开发一般全盘想好再实施的过程。因为，创业决策的信息不可能全面，也不可能完全想好，当你想好了，你的机会就错过了。当一件事情只有 30% 的可能时，你拿到了，有可能失败也有可能成功。当年在电子商务这个领域里，马云在绝大部分人看不到希望时，把自己和团队全身心投了进去，结果，他获得了最大的成功。如果 50% 的人都在做，这个竞争的人就很多了，而如果 70% 到 80% 的人都认为是一条成功之路时，此时一定是红海一片。一件事情有 100% 的信息时，发展趋势一定很快面临着反转的境地。而我的思维惯性是要把每一步都想好，想不好就不行动，这跟一个互联网创业者需要具备的思维方式真是大相径庭。

2. 媒体人的有些优秀特质恰恰是商业的障碍

我的创业除了上述认知上的不到位，细究起来，还有一些长期养成的职业特质对创业形成的障碍。

人文情怀对创业是弊大于利。特别是像我这样曾经在《新闻调查》《焦点访谈》工作过，在北京大学这样的高校“浸泡”过的人，有一种打灭不掉的人文情怀和正义感，有较强的是非观念，我称之为心灵永远磨不掉的东西。这种东西在传统媒体工作过的记者编辑以及中国的文人那里多多少少都会有。如果身为媒体人或者学者，这都是最宝贵的精神内核。但是作为商人，或者说创业者，这些东西在很多时候都会成为一种制约业务发展的无形的羁绊。它让你在合作对象的选取、决策的心理倾向，以及与各种不同人打交道中，形成不利于商业目的达成的因素。

我的这个醒悟得益于另外一个活生生的案例。我认识两个创业者，他们做着同样的业务，两人在资历、能力和团队条件上不相上下，但其中一位创始人具有学者和媒体人的气质，眉宇间透着正气，人文关怀写在脸上，身段当然也不可能柔软。他对事物有较强的是非曲直的判断，并且还经常公开表达，他在跟人交谈过程中不自觉地带有一种道德评判的审视，他始终在用他的标准打量着他周围的人和事，这几乎成为了他的潜意识。所以，他的出现和存在会让一些人不自在不随意，跟他在一起需要找到一种与他的气场相似的表达，否则就会有一种莫名的失落感。他的口才也很好，一般人也争论不过他，争论的结果只会是以失败而告终。而另外一个创业者跟他学历背景、能力、认知水平相似，但这位创业者随性随意，有学者的能力而并没有学者的价值追求。他少了些主观评判的色彩，多了些哥们义气，他在听到不同的意见时更平和更包容，他轻易不会跟你论理，身段柔软，他也不以是非曲直争高下，而以达成交易为目的。

这两个人几年下来，后一位创立的公司是前一位创业公司市值的好几倍。从情感上和亲近程度上讲，我更喜欢前一位，这种情感的倾向性，让我暗暗有些吃惊，仿佛在前一位创业者身上看到了自己的身影。对照自己这几年的创业曲折，我似乎恍然大悟，在一个领域中是珍品的东西，在另一个领域里就像是毒品。

我自己也会问，难道商人、企业家就没有情怀吗？当然有，真正的企业家有道义情怀，这是不争的事实。他们的情怀是商业价值的题中应有之义，但他们的第一要义是围绕业务的发展掘进，只要是在法律的允许下就可推进，如果法律没有要求，在灰色地带也可以尝试着突破，这更需要快速冒险，因为把握商机需要这样的举动，而不是首先辨别是非曲直。他们宁可在灰色地带向前突破，待胜利后再用别的方式表达他们的情怀和道德追求，也不会因为是灰色地带而让业务停滞不前，那样的话，商机就不会属于他们，而所有的商机都是在没有被清晰界定的时机、地方被发现的。再看媒体人或者学者气质的从商者会在每一个决策中检视自己打量他人，说服了自己才可前行，这些都会无形中缩小合作的范围，让更多真正的商人在心理上跟他们有距离。

在学界，如果你没有明确的态度和观点的好恶，不及时表达，在这个行业无疑是平庸的。但在商界，你的观点越不突出，隐藏得越深，你可以融入的范围更广，做事的进退空间更大。

其实，我这个认知也是前一年才有的，这也是在折腾很久后才悟到的。我以为我的媒体人兼有学者气的这种特质会在商业的池子里泡掉，今天我发现，这个特质不仅没有被泡掉，在某种意义上还加强了，虽然我的外在特征与从前相比改变了许多。

记得有一次我们的节目要找一个赞助商，这家公司在上海。我们负责这个业务的同事跟我说，对方其他条件都同意，只是希望我们从北京带个漂亮女孩去一起喝酒，我当时听后就皱起了眉头。我对这位同事说，我们公司没穷到不跟这个人做业务就饿死的境地，我不会满足这种无理的要求，同事听后态度也很坚决。我的那句话其实是给出了一个道德的制高点，在这样的氛围中，谁愿意显得比别人道德水准低呢？后来这个业务就没有合作了，好在那笔合作款项并不大，并未影响公司的生死。今天看来，这样的事情其实在商业合作中司空见惯，这种状况也是商业中不争的常态，根本不必大惊小怪。这位赞助商也只是要个陪酒的美女，并没有其他什么额外要求，就算有，再拒绝也不迟。但因我的义正词严很快终止了这个合作。其实如果换一个人，他会请这位同事自己权衡，在不违法的前提下，把赞助合作谈成。

3. 身段不柔软也不利于创业

近期看到一个成功的创业者，他在 2009 年最艰难的时候，找过的投资人一共有几十位，这些投资人全部拒绝了他。他最后见一位投资人是在一个咖啡厅里，如果再融不到钱，公司的工资就发不出来，就要关门了，所以他把全部的希望寄托在这位投资人身上，但这最后一位仍然拒绝了他。当时，作为一个七尺男儿想到要关门的状况，他不禁百感交集，不知是悲哀还是害怕，他竟然像个孩子一样在咖啡厅里当众哭了起来。在公众场所毫不掩饰地哭这个行为并不多见，这个场面让投资人感到对这位创业者有些太不留情，觉得他好可怜，所以投资人只好留下来劝他，越劝，这位创业者越悲伤，投资人心一软还是给了他一点投资。

接受的这一点投资很重要，至少让他缓了一口气，业务暂且可以不用关闭，公司不用破产。这个故事并没完，精彩还在后面。这个投资机构的另外一个合伙人在一个课堂上讲出了故事的下半部分。这位创业者拿了这点钱后不久就又快花光了，他又来到了这家机构，还想再融一些钱，而且还很急的样子。一般来说，投资人在投资一个公司后，如果后面但凡还有希望让业务发展，基本会再跟进投资，否则公司破产后，前面的钱也拿不回了。所以这位基金的创始人就请他等一等，临时开会，会后决定给他一笔资金，创业者听完后就离开了，这个机构的投资人也就忙别的事情了。过了几十分钟，投资人路过大厅时，发现这位创业者还坐在那里没有走，投资人发现他后问："你怎么又回来了？"他一脸愧疚地说："你给的那笔钱我一算还是不够，所以我就回来了，我希望你再多给点。"投资人听后显得很是为难的样子，那位创业者就那么静静地站着，看着投资人，一副不给钱就不会离开的样子。这样的相互对视在我看来一秒相当于一万年，因为太难熬了，它是一种相互盘算的默默较量，是一种把脸面放到脚下的无奈之举。投资人没办法，怎么算都算不出什么更好的办法，只好再次紧急开会，又给了他一些钱。

投资人在课堂上一边讲，听众在一边笑。我着实笑不出来，因为如果但凡有一丁点办法，谁也不愿意把自己变成叫花子的模样。这位创业者一定知道他折回来再找投资人其自尊有可能会被磨损，人格有可能会被轻视，甚至会被质问，或者会被羞辱，但他还是回去了。

我做不到，这是真话。

事实上这家投资机构的创始人我很熟悉，我也去融过资，他们让最棒的合伙人跟我谈，谈完后，我听出了话中话，我们必须做到什么样的利润和业绩才会有投资的希望。几天后我想了想，发了一条感谢人家接待的短信就不再联系了。我可以吃苦，可以忍耐艰难的时刻，但向别人乞求的事情我基本做不到，但凡自尊心被磨损，我一定就会放弃，那个就是我最难忍的时刻，是我根本过不去的坎儿。所以，我很难像那位创业者那样，用一个乞求的心态来把事情做成，即便我能看到成功的结果就明摆在那里，让我低声下气地乞求如同过天堑壕沟，在我这样的人面前基本上变不了通途。

融资时，投资人不再热情，我也就不好意思再找，因为我认为再联系下去会让人觉得死缠烂打。我的这些做法和心态跟那位在咖啡厅大哭，哭得投资人没法走开的创业者比，真的是天壤之别。其实，不要说乞求，就是融资过程中感到不适和难堪，我大体也会折回原处，这个原处就是一个自尊不能受磨损的状态。

创业之初，有一位特别给我关照的企业家希望帮助我，想投一笔钱给我刚刚创办的优米。刚创业时，我们没有产品、没有清晰的盈利模式，这个状况显然是不可能获得投资的，但是这位企业家说服了投委会，只是投资前需要做一个起码的尽职调查。在这个过程中，我也许是心虚，也许是固有的偏见，我总觉得人家并不太情愿，那个态度的信息就是：如果不是我们老大想投你，我们反正是不会投的。这也许是我的误读，但当时我就是难以说服自己去拿这笔钱，还专门去找了人家一趟，解释一通我为什么不能拿投资。

我说："我没有清晰的商业模式。"

人家说："开始都这样，慢慢就找到了。"

我说："我把你们的钱花完了怎么办呢？"

人家说："像你这样在乎投资人钱的创业者正是他们很喜欢的。"

我说："那我要是真把钱花完了，今后怎么见那位我尊敬的企业家？"

人家说："这是风险投资，有可能就是收不回的。"

我说："那我不成了你们的风险吗？那我成什么人了？"最后我还是没签那个投资协议。

这个毛病直到2017年仍然没有改掉。当我决定用新媒体内容的方案试试融资时，我已经用最快的速度从一家非常知名的投资机构拿到了钱。我们见面谈了不到一个小时就妥了，这位投资人对我非常信任，他坚持不让我站到他的投委会去讲我的项目，他说那样对我不尊重，他直接叫来律师当面布置了投资的核心条款。

我感动于他对我的尊重和自尊心的呵护，但是在拿完钱的几个月里，我真的觉得以当时的业务发展，即便把新媒体的项目做到最好，也无法让这么信任我的人有一个十倍的回报，也许我还会把他投的钱花掉后一无所获。最后在这种怕失去他信任的折磨下，我还是把钱如数退回了他。我还希望把放在银行的那个利息一并还给他，被他坚决拒绝。他很伤心，说做投资这么多年，从来没有任何人把钱退回给他，他很生我的气，我希望未来他能理解我的用心。

2017 年年底，优米的创业服务业务差一点获得一笔近亿元的融资，也因我的不妥协让这个投资没有完成。这个融资中，有一个投资者希望我们在得到这笔投资款后，把原来想免费给我们做的服务变成收费，否则就不投资。这是一个典型的“城下之盟”，在一个近亿元融资的前提下，很多人会吞下这个苦果，但我不想这样做，因为，我不想让一个说话不算数，随时改变决定且不顾别人后果的人成为股东。当时放弃那笔融资有相当大的成本，因为国家要求我们这样一家有视听许可证牌照的公司在变更股东前先报批，批准了才可进行，所以，我们在投资协议签完后，就开始了报批程序。当时，我们用最快速的方式报批仍然花了四个月才办完，办完后在打款这个步骤时，这位投资者提出了让我们匪夷所思的前提条件。如果放弃，费了四个月批准了的文件要重新报批改回原样，重新改回至少需要半年之久，这个时间段我们根本无法再进行其他融资。

这件事情，我至今并不后悔，它让我认清这样一批人。这样的人在需要合作时，可以好话说尽，鲜花送暖，种种手段一并用上，用免费的手段取得你的信任，合作的目的达到后，伺机再把钱捞回去，在一个让你不接受就会变得极其被动的环节上，变脸收费。从商业运作的手法来说可谓娴熟高明，整件事情的操控可谓驾轻就熟炉火纯青，而且过程中并不违法，只是秀出了道德下限，秀的过程还理直气壮，无任何心理不适。后来我明白了，这个机构从底层没有资源一路向上爬的路径中，将道德作为敲门砖，在合适的时候再踩到脚下，他们会跟什么事情都没有发生一样，继续找到那些像我这样没有警惕的人。

其实像这样的机构，商海里太多了，不胜枚举。据此，我更深刻地认识了自己，从一个深入交往的对象认识自我，常常来得更真实更深切。

我的一些道德判断在商界其实非常幼稚。有朋友曾经针对我的这个问题认真地告诉我，在商界，对结果的追求胜于一切，只要不犯法，其他的都不在话下。至于说心理不适，那更是小资情调的作祟，这样的人最好远离残酷的商海，因为只有适者才能生存。

放不下身段，丢不了面子，自尊心脆弱，这些特点的养成除了读书时间太长，当然是过去的学业和事业都太顺的结果。有人会说，那是因为你没有被逼到那一步，也许是吧，但我认为并不尽然。

我在央视主持节目时的留影

4. 我并不是一个愿意冒险的人

冒险，是企业家的特质。我开始创业是希望在互联网发展中有一些建树，而每每在公司收入出现一些问题时，我就跟电视台做节目，跟公司和机构做项目。好在我们有做电视节目的本领，用这些项目的钱可以把公司一年一年养活，于是就没有机会历练那个脆弱的自尊心，没有机会打掉我坚守的面子。更重要的是，离开央视时，我希望的是走在一条未知的路上。我经常想，如果经营公司不行的话，其实作为个体还会有很多活路，而且也不会差。

我的初衷是想过河，但很长时间里，我只能望河兴叹。为什么呢？因为过河这件事情对于我的生存来说并非唯一的选择，所以过不过河也没有那么必要。有这样的退路，对待事情的方式当然会沿袭原先的风格，当然不会委曲求全，更不会冒险，因为更多冒险的人多半是没有后路的。

有一天，我翻阅了《美国企业家宣言》，从这个宣言中，我进一步懂得了什么是企业家，何为企业家。

I do not choose to be a common person.

我不要选择做一个普通人。

It is my right to be uncommon—if I can.

如果我可以，我有权成为杰出的人。

I seek opportunity—not security.

我寻求机会，不寻求安稳。

I do not wish to be a kept citizen,

我不想成为一位有保障的国民，

humbled and dulled by having the state look after me.

孱弱而沉闷地安享着国家的照顾。

I want to take the calculated risk,

我要经历可以计算的冒险，

to dream and to build,

我要梦想，我要创造，

to fail and to succeed.

我要失败，我也要成功。

I refuse to barter incentive for a dole;

我渴望奖励，拒绝施舍；

I prefer the challenges of life to the guaranteed existence;

我宁要充满挑战的人生，也不要万无一失的活着；

the thrill of fulfillment to the stale calm of Utopia.

宁要心满意足的颤抖，也不要萎靡虚空的平静。

I will not trade my freedom for beneficence.

我不会拿我的自由换取恩惠。

nor my dignity for a handout.

也不会拿我的崇高换取救济。

I will never cower before any master,

我绝不在任何权威面前发抖，

nor bend to any threat.

也绝不为任何恐吓所屈服。

It is my heritage to stand erect, proud, and unafraid;

我的天性是挺胸直立，骄傲，而无所畏惧；

to think and act for myself;

我要自由地思考和行动；

to enjoy the benefit of my creations;

我要纵情于我创造的价值；

and to face the world boldly

终有一天，我会面带自豪，

and say:

向世界宣告：

"This, with God's help, I have done."

"在上帝的帮助下，我做到了！"

—*Entrepreneur's Credo of the American*

—*《美国企业家宣言》*

当初读这个宣言时，我认为自己就是上面宣言中所说的企业家类型，甚至觉得说的就是我。所以，当时我不顾一切离开央视就是要这样一种生活。但是，通观这个宣言，其实"冒险"才是这篇宣言的关键词。为何而冒险呢？当然是为一种商业机会冒险，企业家都需要冒险。

这个宣言在冒险前面加上了"calculated"，用中文翻译就是"可计算的"。但是这个"calculated risk"在真正的现实中，有时候根本无法计算，也算不清。当年柳传志离开科学院创业时，他根本不知道自己可以做什么，在好几年的时间里都没办法找到真正可以扎根的主业。这个“calculated risk”有可能是一事无成的后半个人生，所以这个冒险非但不可计算，而且足够大。

1999 年央视《新闻调查》的办公室有一台电脑可以上网，当时为了找选题，我们键入一个词后看到一只小蜜蜂在不断地闪动，同事说要等上个两三分钟或者四五分钟的样子才会出现结果，那样的网速常常让性急的我转身离开，因为太慢了。那个网速其实就是马云在 1999 年创办中国黄页时互联网的环境，就是在那样的环境下，马云谈起电子商务时两眼放光，手舞足蹈，他那个时候如何计算风险呢？当我们站在当下回看过往时好像一切都容易解决，可是站在当时的环境中，向前看清哪怕比别人多一厘米都是十分艰难。

离开央视时我说过一句话“我宁可暴死在未知的路上”，可见我对那种安稳且没有想象力的生活厌恶到了什么程度，同时我也非常想过一个充满探索感的人生，无论从我创业的初衷还是我的追求来说，还是很像这个企业家宣言所提倡的“冒险”精神的。离开央视这个举动在当时应该说还是需要胆量的，但是，在这种看似大胆和坚定的追求后面，我并没有冒险的精神，身上也没有这个特质。

有后路的创业不会冒险。十年中，优米的财务状况其所合作的商业银行是最了解的。有几次，这家银行找到我们的财务总监，问需不需要贷款，我每次都会告诉财务人员，我们不需要。因为贷款需要抵押，如果最后贷款的钱还不上，抵押物就回不来。

无论是为了公司，我自己的家，还是个人，我从没有向任何人借款，也从未进行过任何形式的房产抵押或者其他质押。想想今天 A 股

2018 年我与阿里巴巴 B2B 业务前 CEO 卫哲出席优米用户会

99% 的企业家都在质押股票，那么多人为创业抵押房产，相比之下，我愿意冒险的程度太低了，这和《美国企业家宣言》中的冒险精神相差也太远了。

如果要打分的话，我给自己的创业打 60 分，之所以还能及格，是因为十年来，公司的业务一直在推进，创业七年后，还能将业务聚焦在服务创业者上；每月的最后一天，公司会准时将员工的工资发出，五险一金按国家要求缴纳，没有偷税漏税行为；创业以来，我们没有借债没有抵押，没有第三方担保。

十年来，我理解了那些并不在风口浪尖发出耀眼光芒的创业者，那些舞台中央的灯光从来都照不到那些默默无闻的创业者，我由衷地敬佩这些人。因为，创办和拉扯一个公司，本身就不是一件容易的事情。在创办《赢在中国・CEO 特训营》时，我对优米的运营团队说，我们培训的每一位创业者都值得我们尊敬。一个创始人是公司的一把手，他也许单项能力并不强，但是他的综合能力和承压力都会超过职场人，哪怕是职场上身居高位的人。

5. 我的创业其实下意识中有退路

我开始并没有意识到我为自己开了一扇不易看见的后门，这个后门通向的是一条退路。退路就是试水创业如果进行不下去的话，我可以进行久久期待的写作。

当然，这个后门并不是故意开的，而是一直存在于心底。在央视这个平台上工作的十五年，我看到了各色人生，可以说是见到了生活的富矿，它与我在学校的单调生活无法相提并论。在生活的激流中拼搏了多年后，原来二十多年读书写作的生活习惯常常不自觉地引诱着我，那是我十分熟悉且有些向往的书香生活。

在近十年的创业中，我待在书房的情形少之又少，片刻的宁静总被创业的各种正事和杂事打断。因写这本书，我能有一些时间待在书房，写累了我便会在书架前走动，在不易收拾的地方，我发现书架积下的灰尘之厚丈量了我这十年无法安坐的生活。

许多创业者梦想的人生高光时刻都是上市敲钟，那是对创业种种磨难的一次总补偿，一个让自己、团队和家人觉得万般艰辛都值得的时光。每每听到有人谈起那样的场景，我发现所谓的敲钟时刻似乎并不是我内心深处最最向往的，特别是在要磨损我的自信心和自尊心的艰难时刻，通往书房的那条路总是静静地诱惑着我。

在北大写博士论文的宿舍里，我至今仍然记得那种写作的快感和难以言传的曼妙。工作以后，我的书房比起北大宿舍可以说大大地改善了，我买了我喜欢的书，布置成了我身心感到愉悦的环境。我喜欢随便走近任何一个书架，任性地抽出一本书，以秒为计快速地进入作者的生活和内心，抑或是在一段历史和一句经典的论断中怡然自乐、流连忘返。如果再放上我喜欢的音乐，那场景其实是我的最爱，有时在音乐声中写作，我写出的文字还会涂上这个背景音乐的色彩。

这一切其实都在显示，我并没有想好我是否要过一个创业者的生活，是否要真正成为这个人群中的一分子。

创业时我更像是一头终日推磨的驴子。创业者其实就是社会的驴子，创始人们终日都在用力地推着自己公司的磨。他们不知疲倦，日复一日，年复一年，哪怕在睡梦中都不会松手。许多企业家从走上创业的第一天开始，一直到生命的终结都在围绕着这个磨转着。哪怕他们最后不想推那个磨，他们发现无人可接替，只好自己埋下头继续往前推。

在我眼里，这群角色的悲壮程度并不亚于希腊神话中的西西弗斯。西西弗斯被判处有罪，逐到了冥界，在那里，他被罚每天要把一块沉重的大石头推到非常陡的山上，推到山顶，再眼看着这个大石头滚到山脚下面，西西弗斯要永远地重复着这个毫无意义的动作。

企业家与此相比的最大区别在于，西西弗斯的劳作没有意义，而创办企业的过程能体现各种价值和人生追求。但是，西西弗斯与石头和山终身为伴，这与企业家无法停下手中推的磨实质上并无区别，石头的上上下下与企业的曲曲折折也极为相似。而且，也只有极少数的企业家可以把石头推上山不掉下来，可以不断把那块石头推向一个新的高度。更多的企业家就像西西弗斯，好不容易使出全身力气把石头

2013 年我与俞敏洪在北大百周年纪念讲堂做完《对话》节目后合影

2014 年采访董明珠

推上山了，过一段时间由于产业的调整或者科技的变革，那块原本在山上的石头又滚下来了。

我想起联想的掌门人柳传志，在交班后，也就是不再推那个磨后，为了救联想，还是复出了，继续推了一把那个他已经推了三十多年的磨。2018 年一股凭空而起的诋毁声和骂声涌向联想，这让一生爱护自己的名声胜于其他的柳总倍感难过，七十多岁在养病阶段的他又一次挺身而出。他说，联想是他的命，命受到了威胁必须站出来。因为那个磨还需要他助推，于是，他写了一封告全体联想人的信，并且亲自念，他的声音出现了罕见的嘶哑，从中我听出了他心中万马奔腾般的愤懑。我对他的性格很熟悉，如果不是事情让他感到严重到一定的程度，以他的气度，是不会在退休后出来的。在柳总有些哽咽的声音里，我脑子里映出的就是西西弗斯不断推石头上山下山的悲壮场面。

无论是看企业家群体的生存状况，还是审视内心，我都不想终生做一个推磨的驴子。

6. 我对自己十年创业的结论

写着创办优米的探索过程时，我尽量保持着自己的冷静和客观，尝试着以好像写着别人的故事的心态来进行，但写着写着，委屈和憋闷、焦虑和烦躁还是一点点在心中爬升。因为每一次转型和探索中那种不确定和踏空感似乎又浸泡周身，每一个过程所涉及的人和事因写作的翻动而重回眼前，以至于历历在目，挥之不去。但我知道，我一天不静下心来面对，我一天就无法接近十年中真实的自己；对自身没有一个清晰的认知，一定会有一个糊涂的前行。

十年中七次新的尝试和一次放弃的过程，让我就像一只困兽，四面出击，四面碰壁，头破血流还在不停地冲撞，冲撞到无力时只想放弃。最后放弃的那一刻又有不甘，一边喘气一边想到初心，最后终于还是找到一个小孔，慢慢朝着那个小孔爬出去，再重新上路。

在我放弃创业的前前后后，我很害怕别人对我创业的评价，但今天我能公开地分享，这种感觉真的很好。我虽难以成为一个优秀的企业家，但这并不妨碍我用这十年驾驭企业的亲身经历去找出创业者成长的方法和规律，帮助比我更有潜质的创业者们去完成一份可持续发展的事业。

承认这一点并不容易，我并不是一个容易放弃的人。我曾经在考大学时经历过一个小小的曲折，我没有考上我理想的北京大学。我心目中十多岁时就树立了考进北京大学的目标，没考上当然是一个不小的挫折。

此后，我的本科只好上了华中师范大学，而且还是我并不喜欢的政治系。由于我在高中阶段是一个文娱活跃分子，担任学校的文艺部长，这点也被写进了档案，结果政治系的招生老师看到这一条后，不顾我就读中文系的愿望把我的档案拿到了政治系。二十多年前，高校并不能改变系科，我一边上着政治专业的所有课程，一边利用所有的业余时间去图书馆看中文系应该看的书。毕业时，我参加了中文系的当代文学评论研究生考试，竟然考了那个专业的第一名，本科四年我相当于拿到了两个学位。

这个结果给了我极大的自信。它也告诉我，用自己的努力是完全可以按照自己喜欢的路径来设计人生的，是可以改变某些外在因素干扰的。四年大学我用自己的努力克服了当时大学不能换系科的僵化规定，用超出一个普通大学生一倍的努力获得了我想要的选择。更重要的是，这个结果其实是人生的一个大礼物，它让我真切地体会到每每翻过的人生高山，都会变成一种未来在遇到更大困难时的能量和勇气。此后历经许多艰难时，我都会调用这个努力的过程来获取一种特殊的能量。

我硕士研究生毕业时正是 1989 年，这一年北大的当代文学评论专业的博士停招，我想通过考北京大学博士研究生来实现北大梦的想法至少在当年无法实现。于是，我选择到武汉大学中文系任教。我记得那时国家已经不负责分配，所有的工作需要自己找，对方能否接受你，就看所在专业的教授对你的评定。当时的华中师范大学无论在知名度还是在学术地位上，都要逊色于武汉大学，能进武汉大学中文系任教其实非常难。

在武大的那两年，我并没有忘记我在十多年前立下的要进北大的志愿。当时我住在武汉大学东湖边八舍的教师宿舍，窗外面对的就是珞珈山，在所有能坐下来的时间，我都在窗前的桌子前准备北大博士研究生的入学考试。许多个晚上，因为看了十多个小时的书，我就打着手电筒穿上运动鞋去对面的珞珈山跑步，以此舒缓眼睛和腰背的疲劳。每看完一本书，每一次跑步后，我仿佛就觉得离我少年时的梦又近了一点点。

考试的前一天晚上，我根本睡不着，为了第二天的考试精力充沛，我第一次大剂量地服下了安眠药，因胃部不适结果引发长时间的呕吐，吐得最后坐在地上连站起来的力气都没有。

北大博士研究生入学考试的候选人从应届毕业生到四十五岁的中年人都有，在众多强势竞争者中，我当时只有二十出头，资历和论文的水准应该都不占优势，我很清楚这一点，但希望用现场的考试高分来弥补这个不足。面对几个论述题，我从一开始到结束几乎没有抬头，一直写到最后一分钟。两天的考试结束后，我的右手中指几天伸直时都很疼痛，即便今天我在二十五年后回忆起来，还能清晰地记得那种手指的疼痛感。

1991 年我如愿被北大中文系谢冕导师录取，终于实现了少年时立下的宏愿。

因种种原因，我上北大的时间推迟了十多年。这十多年中，为了实现这个目标，我先是从政治系挪到中文系，用四年的时间回到我想读的系科。因为当时若从华中师范大学的政治系考北大中文系的硕士研究生难度太大，所以我选择了在本校跨学科，然后在博士研究生这个时机考进北大。但硕士毕业时，北大并不招生，我又只好就教于武大，然后在那里准备考试。

考上北大后，我仍然面临新的障碍。我进入武汉大学任教时，与武大签订了必须服务三年的合同，否则要根据时间长短赔钱。当时我还差一年，需要赔几千元钱。20 世纪 90 年代初，那是一笔大钱，我的家人并不希望我离开武汉去北京，我也就没办法向家中求助，我利用了一个假期去出版社打工赚钱和向好友借钱才凑够了给学校的赔款。

1991 年秋天，我终于坐上了北上的火车。当我来到北大看到曾经吸引我的那些金黄的银杏叶时，我的眼泪夺眶而出，好像翻过了千山万水才见到这个在梦中出现过无数次的美景。

这个过程的回顾，是想表明，在实现目标这点上，我有足够的韧性和解决问题的能力。

从大学毕业一直到离开央视，我经历的困难很多，但好像最终都被我跨过了，我对柳传志常说的“办法总比困难多”深信不疑。正是这样的执念，让我从一个本应该进研究机构或者高校任教的人在央视成为了记者，最后成为了一个制作人或者媒体人。我认为只要树立目标，假以时日，我都会实现。

从离开央视起，我的人生目标切换到了做一个企业家上。创业中间无论怎样的不适和难题我都在一一面对，一一解决。因为在我的人生经历中，基本上没有目标设定后实现不了的记录。但是，创业十年

1994 年我和北京大学博士生导师谢冕

1994 年时任北大校长吴树青为我颁发博士学位证书

我和北大 1991 届博士同学欢庆感恩节

我和北大同学合影

后，我大概摸到了我能力、禀赋、意志力的边界，我必须承认我不太可能成为一个优秀的企业家，而且做一个企业家，并不是我内心最强和最大的禀赋所在。

我一直认为，像我这样的人的人生，应该是一条至少呈45度的上升曲线，有时这条曲线上升得可能缓一些，但是它一定是上升的。创业的十年，让我第一次尝到了我的人生曲线的缓缓下行，这是我不曾经历的。创业的十年让我看到了太多跌宕起伏的人生，让我有太多力不从心的时刻，有太多清楚看到自己有限性的场景。禀赋和性格之千差万别，欲望的强弱，苦难的大小，等等，决定着你的成就。所以，一个人的人生不可能一直保持一条由低向高的上升曲线，上上下下起伏不定才是人生的常态。以前，这样的故事发生在别人身上时我并没在意，而发生在自己身上时，其感受与看别人故事的感受完全不同。也就是在这样的时候，我一下子接通了那些在人生低谷中许多人的心境，我发现我更理解他们了。

人生低谷是最好的认知自我的时候，也只有在这样的时候，才能真正做到我们天天挂在嘴上的实事求是。史玉柱曾有一句名言，大意是说人在成功时是听不进任何不同意见的，也不可能向别人学习什么，只有在惨败时，才真正有心境听进别人的话。我对他这句话很佩服。自然界也是这样，你只有在山谷时，抬头才知道山的高度，你离地面越近，你看到的众生才真切，而身在高山山顶除了看到天际，就是迅速滋生一览众山小的狂妄。

一个人如果对自己和外在的世界在认知上发生较大偏差，那么接下来他所有的人生决策一定是变形的，这种变形一定会让他付出更大的代价来修正。

没有吃过人生的苦头，很难知道生活的甘苦。我刚创业时，有人跟我提议在管理公司角色的定位上让我以产品为主，但我并不同意。我离开央视并不只是要参与做一个成功的互联网创业项目，而是更看重由我亲手把它做出来的这个过程，没有这个历练的过程，我只是一个参与者。比如说去一家有潜力的公司做 PR 或者做品牌传播之类，即便那家公司成功了，也并不能带给我本人价值实现感。我想要的是自己亲手驾驭企业这个方向盘，不想只坐在副驾驶座上，更不想坐在后座，即使目的地到达了，后座上的人也只是乘客。

我十分珍惜亲手操盘优米的这十年，否则我对于创业两个字仍然处在隔靴搔痒的境地，我们也无法打磨出培训创业者的课程框架。

我想起我刚创业时的一位朋友的提议，他说现在创业板开了，三年加在一起的净利润达到 3000 万元就可以上市，你跟我合作，我带着你做业务，保证把这个 3000 万元让你赚到，你只负责做节目就行。我表示上市这件事情并不容易，他说上市他来搞定，他熟他在行，我只需要让给他 15% 的股份。听起来这是一个完美的合作，但是，在最后回邮件确认时我放弃了。我有三个后怕：第一，为了一个上市公司的华丽外表，需要放弃由我本人亲自操盘完成互联网创业的初衷，我愿意在创业之初就这样放弃吗？我还不想，不想没有努力没有探索就一下子拿到结果，尽管这个结果很诱人。第二，这三年如果我只是负责我熟悉的产品制作，上市之后，我怎么完成后续的经营？在他套现后，我做企业的能力一定会打回原形，那样的日子是我要的吗？在今天的上市公司频频爆雷声中，我似乎对这个现象有一些感悟。第三，我真的不愿意做一个名不副实的人，过不踏实的日子，我好像很难适应那样的生活。我发现，一个人能力被低估比被高估带给内心的摧毁要小很多。就这样，我还是谢绝了那位朋友的好意，继续我东奔西撞的日子。

我曾经想过一个能区分各种不同人群特质的情境。如果围绕一群人做个实验，我们就可以更清晰地看到人和人是不同的，这些不同构成了我们社会各类人群最明显的职业特性。

如果有人在一群人中发现了赚钱的机会，这个人就是商人；有人发现了人性的美丑，这个人就是艺术家；有人鼓动这群人起来达到一个目的，这个人就是政治家；有人静下心研究这群人的心理和行业或者收入结构，这个人就是学者；有人想杀了其中某些人，这个人就是罪犯；有人想把这群人的状况传播出去，这个人就是媒体人；有人想为这群人中的弱者伸张正义，这个人就是律师和法官；有人想跟其中一部分人为伍打败另外一部分人，这个人就是军人；有人想为这群人维持秩序，这个人就是警察。

一个人看到一群人后，每一个个体的第一动机其实是最容易体现他们的行业和职业属性的。而有两类人比较接近我，一是媒体人，一是艺术家。如果要比较一下，媒体人的属性则更为强烈一些，因为遇到有值得报道和传播的机会我会第一时间想把它报道出去，第二时间我会从中体会人性的美丑。我会不会看到一群人后在他们身上发现赚钱的机会呢？实话实说，这个选项可能连第三第四都排不到，排在第三项的是我会看到这群人中间的不公，排在第四项的是我会研究这群人。

如果排在第五位后，我还能是一个好的创业者，进而把自己变成一位优秀的企业家吗？当然不会是，也不可能是。可能我的一些基础性能力平均分数高一点，所以我把创业这个人生选项中第五位都排不到的事情做了个及格水平。

在此之前，我一直认为创业之中的种种不适是创业艰难的题中应有之义，因为没有人创业容易，我当然也不会例外。所以，我在创业很长时间里并未思考过我是否适合创业的问题。当我放弃创业时，这个问题出现在我脑海的次数越来越多。我在想，我创业中并未取得理想的成绩，要么是我的能力不行，要么做创始人这件事情并不适合我。所谓人剑合一才会无敌于天下，而我舞的这把剑的确让我力不从心，适合我的那把剑是什么呢？作为新优米培养创始人的成长学院现在看来比较适合我，这项服务看起来简单但其实难度较高，它需要创业的实践经验，同时需要较强的研究能力用来研究案例从而找出方法和规律，这其实是许多商学院正在进行的项目。但是由于教授缺乏商业实战经验只有研究能力，多半也只能讲解一些较为抽象的原理，离实际很遥远，所以很多商学院就变成学生结交人脉的场所。还有一些机构也在进行类似的培训，由于没有研究创始人培训课程的基本框架，基本上是找到谁就是谁，名气大一点的多收一些钱，名气小的少收一些钱。因为没有课程设置，所请的人也是东拼西凑。还有一些机构无法整合优秀企业家来进行分享，他们就雇佣讲师背课，把普遍受到欢迎的课背出来讲给学生听，但由于讲师没有亲自操盘企业的能力，所以遇到学生在实践中的真实问题就会卡住。而我，对于培训创始人的这项工作显然具有较强的优势，除了优米十年来线上的系统性课件和创业案例，更有我本人亲手操盘公司十年的经历和我与上万名创业者的交流，这些都是我从事这项工作的优势。但是也有劣势，那就是所有的创业者在心里会暗暗认为只有立于潮头取得了巨大成功的BAT、TMD的创始团队或者任正非这样的领头人才有资格教创业，而那些并没有将公司做成一线公司的创业者都没有太多的说服力。他们并不清楚做成一家公司的能力与研究创业公司的能力是完全不一样的两种才能，只是下意识地认为要找成功者来教。这些想法其实正是创业教育最大的难点，首先是那些成功的企业家他们已翻过一座座高山，是否有心再回头认真研究企业很小时发展的规律很难说。当他们的企业大了，其实遇到的难题也随之增大，他们的心思更多是在迎接下一轮的挑战上。加之如今科技浪潮变化加快，产业周期缩短，即便是大公司也如履薄冰，稍不注意就会被时代的趋势抛在后面。而且，极少有企业家可以像马云这样在盛年时段就完全从企业的前线退下来，所以当马云振臂一呼要做湖畔大学时，优质创业者鱼贯向他靠拢。

这个结尾好像不宏大，暂时也没有上市的高光时刻，但我觉得它小而美，有独特的价值。

第四章

chapter 4

创业十年的复盘

我离开央视的强大动因是希望加入互联网的创业大军，从而找到新的人生发展道路。在艰难行走八年之后，我们所从事的业务才调整为一家并不以互联网驱动为主的创业服务，这个结果是我以前未曾想到的。但因为它并没有倒回到制作节目这样原有的工作性质上，也无需与甲方平台机构打交道，只需要打磨产品拼市场的能力，而且，这个能力是在我创业十年的基础上重新构筑的一种新能力，我从内心是认可的。再加上培训创始人的服务又是以一当十的杠杆性作用，我们服务的人数或许不多，但价值点很高。

互联网创业以平台的力量，以资本的加持，以海外上市这种运作方法，制造了成百上千个快速致富的创始人，这种此前不曾有过的速度和量级颠覆着人们对于商业的既定认知，也吸引着包括我在内的许多人冲向这个战场。可惜的是打胜仗的概率太小太小。二十年来，中国成功登陆海外资本市场的上市公司也不过一千多家，真正的互联网上市公司也只有几百家，这个数字与二十年来败下阵的千军万马相比是一个近乎中彩票的概率。

这里，我们不妨把中国公司的整体情况梳理一下就更加明了。到本书开始写作的 2019 年 5 月初，中国在上交所和深交所上市的企业一共是 3626 家，港股 1146 家，美股 210 家，加上新三板的 10040 家，中国上市公司加在一起应该有 15022 家。这个总数还需要减掉 928 家央企和地方国企才是民营企业上市公司的真实数量，它应该是

14094家。中国中小微企业的基数超过3000万家，这就是说，在中国庞大的中小微企业家群体中，每10万家才会产生4.7个上市公司。没有上市而在行业中处于前几名的企业只是一个极小的数，可以忽略不计。总之，1万家中小微企业中出现上市公司的数量还不到半个。

这个数字告诉我们，做成一家上市公司完全是一个小概率事件。为了让大家对这个小概率事件有一个形象的感知，我列举一些我们现实生活中难得一见，可以说是稀奇的小概率事件。一家祖孙三代人的生日都在同一天的概率约为二十七万分之一；白人、黑人夫妻产下一黑一白双胞胎的概率约为一百万分之一；小行星撞击地球的概率保守推测是二百万分之一；生出全男或全女四胞胎的概率约为三百五十二万分之一。后面这样一些现象在我们的生活中极其罕见，而出现一家上市公司的概率也快接近一家祖孙三代人的生日都在同一天这样的稀罕事了。

这个稀罕的概率就是由科技创新和商业模式创新的创业者完成的，他们多半有机会得到投资机构的青睐，然后走上一条呈几何级数业务增长，有资源有资金支持，也相对容易获得社会瞩目的创业之路。

但这个群体其实在3000万以上的创业者基数中只占极小的比例。即便在创业热情高涨的年份，每年拿到种子轮和天使轮的创业者全国不过万名左右，绝大部分创业者是拿不到资金支持的，他们的企业要么在三年内死去，五年后再死更多；要么以处在循环状态的小商家的面目出现。当然这些商家中有很多是业务性质本身决定了它们的规模不可能做大，但更多的是求生存以糊口为主的人群，他们的基数很大，而从这个群体中长大做强的企业少之又少。

那么，是不是做不了一家上市公司就不是人们通常意义上的成功？就没有价值？就没有社会地位？答案当然是否定的。但无论是我们熟知的富豪榜还是 500 强，抑或各类机构评出的前 100、前 500 等各种榜单，基本上是用市值或者收入规模这个单向度的指标在衡量，这个结果导致所有的创业者都想做大，做大的愿望远远超过做强做好做精做专。因为，社会大众普遍认为，你的企业如果不大，你的事业就不那么成功，你在企业家群体中也就没有地位。

正是这种畸形的排位扭曲着我们对于创业公司价值的理解，这就是我们为什么在各类媒体中看到的永远是那些规模大的公司，社会大众也只看到了几千家上市公司和有机会成为上市公司的独角兽公司。而通常所说的民营企业贡献的 50% 税收，60% 的 GDP，70% 的技术和产品创新，80% 的就业和 90% 的新增就业并不是这几千家企业所为。特别是就业这一点，由 3000 万以上的中小创业者群体在承担，他们是支持就业的中坚力量，是满足社会多样化需求的生力军。有太多的公司由于业务性质所限，并不能被标准化，当然也就无法规模化，也不能持续增长，但是它们有特色有专业，所以它们一样有价值。

我的创业复盘基本上针对的是互联网创业公司，而这类企业的成长对于企业最重要的核心要素的要求很高，而且是传统产业不曾有过的高度。所以，要做一家小而美的企业，除了在融资和资本上的要求不同，其他的核心要素如果遵循互联网公司创业的要求来打造的话，可持续发展的竞争力会更强。

1. 赛道的选择才是创业的根基

我用“根基”这个词，是因为根部是生命的发端，只要根部完好，哪怕是枝干部分残缺了也会从根部重新长出新的枝叶。

我曾经去少林寺看到过几棵被大火烧到快死的老树，由于根部没有受损，今天它仍然挺立在那里，因受伤而有些扭曲的肢体展现出烈火中重生的别样风采。

我曾看到过一棵几百年大树的根部裸露在地表，它们生长的力量将钢筋水泥顶得爆裂、地面拱起，其强劲的生命活力镶嵌在地面，隐约呈现出盘根错节的构图。我常常在这样的老树前驻足，一会儿看看茂密的枝叶，一会儿看看依地势条件顽强生长的根部。老树的根与树冠交相辉映，共显其生命的繁茂。

互联网公司创业的“根部”其实就是赛道。赛道不是笼而统之的产业或者行业，也不是人为地根据实用功能进行的简单划分，而是科技成熟度所带来的新需求与资源相整合后，在新的应用场景出现的新产品。新产品的生产和服务构成了赛道，所以赛道是变化的、动态的。赛道选择的难度：一是在于对科技成熟度的判断，二是对新出现的用户增长的判断。这两个判断都会随时间的推进而不同，是一个从量变到质变的过程。

在中国互联网发展的前十年，中国公司并不具备选赛道的能力，它们多半是直接将美国的成熟模式向中国引进，那时流行一个英文短语就叫“COPY TO CHINA”。投资机构也常常是拿美国的模

少林寺被火烧过的老树

式比对中国的新创公司，因为这些公司最终都需要在美国上市。路演时为了让投资人能听得懂，创业公司都是用美国的模式套在中国公司的头上。比如说，百度就是“中国的谷歌”，阿里巴巴是“中国的 EBAY”，淘宝和天猫就是“中国的亚马逊”；滴滴仍然借用美国的现成模式：“硅谷的 UBER”；今天的美团在开始创业时也借鉴的是 GROUPON 的模式。

在中国互联网发展的第二个十年，中国创业公司虽然在应用上有一些创新，但是其大逻辑仍然可以找到与美国公司的一一对应关系：微信对应 FACEBOOK，大众点评对应 YELP，即便今天溃不成军的

P2P 也是从美国 LENDING CLUB 那里借鉴而来。只是在互联网金融这个领域里，中国监管机构并没有跟进美国的做法，所以到今天这个行业基本上全部覆没。

十年创业中，我在前七年其实都没有找出一个明确的方向，也就谈不上一个真正的赛道。这个问题在初次创业的创始人中极其普遍，创业方向的不清晰是对创业者最大的折磨，是最难摆脱的沼泽地。试想，如果马云还在做着海博翻译社，那么今天的阿里巴巴会是一个什么样的公司呢？《赢在中国》第一届选手中创业成绩最突出的是同程艺龙的董事长吴志祥，他从 2003 年创业，从服务企业用户到直接面对消费者这个赛道的选择，整整花了七年的时间，也就是走上正确的赛道后他才走上了规模化的上市之路。这个路径是跟携程的正面竞争中得到的，而携程正是借鉴了 BOOKING 这个网上酒店预订的模式。同程赛道的选择正确来自于跟巨头的正面殊死的竞争，从而引来资本的介入和流量巨头的加持。这其中团队的拼杀努力固然很重要，但如果所拼的方向不对，拼的结果也跟同程前七年不会有任何两样。

进入了相对正确的赛道，其实就进入了生活中用户较大的需求，这个需求在行业中可规模化发展，可标准化满足，可资本化对接。所以说，真正的赛道是一个在产品的供应端和市场的需求端都有大量相对刚性需求的业务，这个需求不是小众化、个性化的。但是由于需求的大众化，也是竞争最为激烈或者说最为惨烈的，这样的赛道常常死伤无数，存活者寥寥无几。

赛道的选择与创业的出发点紧密相连。创业的出发原点是创始人或者创始团队发现了一个人群的需求，然后根据这群人的需求由创业公司来提供产品和服务。但这个产品和服务需要在实践中不断验证，验证出来有一群人愿意付费的需求，并且你还能让这个用户群体不断增多，从而扩大你服务人群的半径和规模。接着你还能让增多的人群持续不断地为你付费，这个过程就是在正确赛道上的创业。

在我们所见的范围内，大面积的、中小面积的需求基本上都有公司或者平台在提供，那么，为什么会出现新的赛道呢？新赛道的出现到底取决于什么？一是新的需求人群的出现，二是新的提高生产效率的生产工具带来新的消费场景的出现，这两点相结合就会出现新的赛道。我们看到，拼多多恰恰看到了被微信深耕的四五线城市和农村人群的需求，而且基于微信生态上的拼团以及抵达用户的微信群和朋友圈这样的营销渠道相对便利。这两个机会被黄峥清清楚楚地看到了，所以，拼多多这家公司在不到五年内市值达到 400 亿美金左右，这就是在新的场景中新需求与技术工具结合的最好例证。

创业方向的选择对于一个草根创业者来说，其独自完成的难度是很大的，绝大多数创业者在创业之初并不懂得需要由点及面地做一次产业和行业的梳理。即便他了解这样做的必要，所需的行业研究能力对于一个普通创业者来说也是很难达到的。

我们常常说创始人最需要的几个品质是内在驱动、敢赌未来的勇气，商机识别能力和学习力。有了这几样，他就具备了成功的最基本前提。但是，商机的识别范围太广，很难找到重点，凡是可以赚到钱的地方都可以说是商机，但一般意义上的商机与时代巨变带来的商机完全不同。前者所说的商机藏在生活的角落中，这样的商机常常见到，说通俗一点就是赚钱的机会。而时代变化带来的商机则是潜在的，它更隐蔽也更广泛，它有可能从小机会变为流行且主导社会人群行为方式的大机会，那才是大的商机。这样的机会正是创业者打造指数级企业的需求沃土，谁抓住了这样的商机，谁就能成为时代的弄潮儿。

20 世纪的美国巨无霸企业所经营的业务，恰恰处在一个巨变的时代。工业革命在美国落地生根所需要的核心要素分别是石油、蒸汽船、铁路、银行、钢铁、零售、木材、黄金、白银、房地产、汽车、药业、公路运输、矿产、消费品、饮料、投资及投资银行；而信息革命到来后在社会落地的核心要素是软件、计算机、芯片、打印机、服务器交换机、运营商；到了互联网时代，面向消费者的则是谷歌、苹果、脸书、亚马逊、爱彼迎等各种互联网和移动互联网的应用。这个简短的列举让我们看到，每个时代都有时代为之赋能的巨头。这其中，前一代巨头必将成为后一代企业成长的基础设施，周期也不断地在缩短，从工业时代到信息时代再到互联网时代的更替迭代中，下一个周期都要短于上一个周期。

中国企业的批量出现是在改革开放后，大体处在 20 世纪 80 年代中后期和 90 年代。从农村开始的乡镇企业到城里的倒卖批条，再接着是房地产、钢铁、零售、医药、软件、计算机、服务器交换机，到互联网时代的门户网站、游戏、短信增值服务、视频网站、团购、电商、社交、打车及各种垂直应用，其实是将美国的工业时代、信息时代和互联网时代压缩在四十年时间内完成的。所以，呈现在中国的情景是，每一个浪潮迭代的时间周期更短更急，当然，其商业成功的量级也是前所未有的。

判断时代趋势的发展对于刚刚创业的人来说无疑是困难的。其实，即便是商业巨头在时代巨变面前也难逃劫难，而且，新一批巨无霸企业无不是推动或者伴随着社会变革大潮尽显优势的企业，而旧的企业在新的浪潮来临时会迅速丧失优势。有意思的是，在时代大趋势中倒下的企业并不是弱者，它们只是无法随时代一同前进，或者说它的掌门人在某个时间段的决策中没有把握好时势。这样的企业在倒下时因其过去的辉煌常常让人扼腕叹息，那些昔日巨头一旦进入颓败期，无论怎么挣扎，都很难重回巅峰，因为“沉舟侧畔千帆过，病树前头万木春。”

2002 年，我在央视担任《对话》栏目制片人期间，策划和邀请了当时如日中天的诺基亚全球 CEO 约玛·奥利拉。这位芬兰出生的企业家，从 1992 年担任诺基亚总裁，带领诺基亚从濒临倒闭的灾难中走出，使其一路成为移动通信领域的领军者，并连续十五年占据市场首位。2002 年初，当录完两个多小时的《对话》后，他步伐的快捷、反应的灵敏、思考问题的凌厉，都让人不敢相信这位周身散发活力的企业家来自一个风景如画的福利国家，更不敢相信这样一位企业家会成为被时代抛弃的案例。在诺基亚商业帝国轰然崩塌后，2012 年奥利拉正式辞去诺基亚董事长一职，挥手告别了他拼杀了二十五年曾经是全球最大的通信公司。此后，诺基亚辗转在巨头微软门下，但是都无法再现其原有的辉煌。《诺基亚总裁自述》中，奥利拉详解了这家公司是如何与时代趋势擦肩而过的，这个故事无疑是一个时代巨人的哀歌。

那些巨头企业的倒下恰恰给了创业者后来居上的空间。社会变化越快，创业者就越有希望，因为，变化带来的是需求的重构，这个需求就会伴着一波波商机的出现，站在时代前端嗅到并抓住这个商机的创业者，就会成为时代新的弄潮儿。在所有创业成功的要素中，我曾看到一个统计，绝大部分创业者认为时机的选择，是创业成功中最重要的因素。我想举一个错失时代时机后，重新找到新的商机的故事，这就是我们非常熟悉的连续创业者雷军的故事。

雷军在创业初说了一句名言，“站在风口上，猪都会飞”，这句话后来被广泛引用。为什么他会说出这句极端的话呢？因为他曾经有过深深的错失风口之痛。这里的所谓风口，其实就是时机，一个新时代带来的商机。今天许多追风口的年轻人在风口过后纷纷跌落，而雷军却创办了一个 300 亿美金市值的公司。虽然这个市值与他要追赶的阿里巴巴和腾讯这样的领头羊公司相差很远，但是，雷军的二次创业却是一个创业老兵抓住时代商机最好的演绎。

“风口论”让雷军卷进了很多争议之中，但他与众多追风口的创业者不一样的是，他在风口长了翅膀。这两只翅膀，一只狠狠抓住了智能手机的风口，一只牢牢地抓住了互联网这个利器，从而开辟了一个区别以往的手机销售渠道。

你一定会说，小米真神。其实雷军在抓住手机这个商机中仍然有一个心痛之点，这个点很大也很劲爆。本来他是抓在了手里的，几乎要成了，但还是失去了。如果抓住了，今天的小米市值应该是千亿美金量级的。

雷军错过的其实是一张移动互联时代最大的船票，就是我们今天看到的微信。雷军在做小米手机的时候做了米聊这款软件，跟微信功能基本一样，推出时间为 2010 年 12 月，比微信还要早两个多月。2012 年 GWC 长城会主办的第三届全球移动互联网大会在北京国家会议中心召开，我主持采访了当天出席会议的雷军和马化腾。采访雷军时，马化腾就坐在台下第一排。作为大会主持人，我不得不问大家关心的问题，当时微信用户量刚刚超过米聊，所有人都知道社交媒体一旦在用户增长上领先，其后续市场的格局会基本定格。我当时把两个软件竞争的情况摆了出来，我看到雷军当时的表情是十分复杂的，心情也不太好。我问微信为什么超过米聊，他说：“跟腾讯竞争不是一件容易的事情，但是我很骄傲，米聊战场是腾讯正面核心战场，我们在这里还能活下来，拥有 1300 万用户，这是中国所有创业公司里的奇迹！”对于腾讯在米聊推出的两个月后推出微信，雷军表示非常了不起，因为这个时间比他预计的早了四个月。同时他表示马化腾在执掌这么大规模的企业，还能盯到产品第一线，关注产品的细节，是中国企业家的楷模。

雷军的讲话听起来是客气话，其实真实地反映了他当时的情感，只有亲手交战才会摸清对手在实战上的布局和作战的实力。透过雷军的话，我们看到社交软件这个最激烈的战场是一个怎样的生死时速，这样的时速对创业选手的心力体力脑力都是最极致的要求。

就在那个大会前上午九点多钟的样子，马化腾到达贵宾间时，我看他脸色不好，问了一句，您这段时间很忙吧？他说晚上改一个产品的 BUG 改到了凌晨五点。我听后有一些吃惊，且不说董事长亲自改产品这件事少见，更重要的是凌晨五点才改完，显然他基本一夜没睡，必须在当晚改完也足见时间的紧迫性。腾讯的产品很多，BUG

2013 年雷军来优米讲课

也会很多，一定要董事长亲自改而且是熬夜改的东西应该有极强的时间要求。

微信能胜过米聊，除了腾讯在产品和用户上的竞争优势，还有在电信领域基础性的深耕，更多的还是与中国通信运营机构的长期合作的基础。没有这些，它是不可能占住社交头把交椅位置的。

今天，微信有了十多亿用户后，再回看雷军失掉的是一个怎样的机会就一目了然了。很多时候，创业不是因为你不强，而是有人比你更强、能力更综合，而且从各个角度来看，雷军都是一个不容易打败的对手，但米聊还是输给了微信。

除了米聊，雷军曾经最大的痛其实应该是他创业过程中一系列与互联网发展带来的商机的错过。

雷军是一个心气很高的人，早在 1987 年在武汉大学读到《硅谷之火》就激动得睡不着，在操场走了很久后，他立下了要做一个伟大的人的志向。但是毕业后 1992 年他进了金山，这个公司当时做的是一个与微软同时代的软件业务，处在互联网的前一个时代，即信息时代，他这一做就是十五年。

2007 年离开金山时，他已经错过了互联网的三大门户网站，错过了互联网游戏，错过了电商，连互联网视频这个并不大的风口也错过了。当时，最受媒体追捧的是张朝阳、丁磊、马化腾、马云、陈天桥等。这样的机会对一个普通人来说可能跟他们的关联度并不高，但是，和雷军则是密切相关。他是在大学就立下了宏大志愿的人，在那些时代骄子中，雷军的资历比所有的人都老，他不仅毕业的院校是名校，而且能从一个大学生做到金山的总经理，这个职场的晋升足以证明他有不一样的商业能力。金山虽是一家上市公司，但除了财务上的收获，并未实现他当初在武汉大学操场树立的人生目标，原因就是没有站在时代的潮头起舞，这就是为什么他会对风口有着那样发自肺腑的名言。

对于创业者来说，大趋势的把握应该是一个背景性和框架性的，因为，时代主战场的角逐应该与这些创业者关联度不高，能够胜出的终归是极少数。如果创业者可以从互联网发展转折点来看小趋势，将阿里、腾讯看作今天创业者的基础设施，其创业的起点就不一样。极端内敛的一位创业者黄峥看清楚了这个小趋势，他的名字并不为创投圈所熟悉，他也不喜欢发布融资新闻。顺便说，无论是时代的风口，还是某个独特的浪尖，都需要有定力有自控能力的人把握，特别是能静下来的人。所以，这一波机会中，黄峥和性格内向的云集创始人肖尚略找到了微信社交网络的社群优势，从而让公司在三五年内一跃而起。

其实，电商领域的需求是中国互联网二十年发展中最大的金矿，它被阿里巴巴为首的几家电商平台开采了。最近二十年，创业者有了新的社交平台，这个平台集中了中国绝大部分人口，它相当于完成了广电时代的村村通这样一个基础设施。在这个平台上，社群的力量加上支付的普及，再加上物流的市场化，新的电商各种形态的崛起已风起云涌。这就是所谓的新风口，新风口来临的核心条件是微信所做的互联网启蒙和互联网线上交易的基础化设施。

无论是对时代大趋势的解读还是对小的浪潮中时机的把握，都需要对行业和产业形势有足够清醒的了解，这个能力在很多投资机构是具备的。对于投资机构来说，它们不仅有资金的加持，还有长年投资赛道中积累的经验和教训。一个公司一旦有专业的投资进入，其成长都是加速度状态，这其中最重要的原因是创投机构的研究部完成了对于行业和小赛道中间关键性规律的把握，极大地减少了创始团队局部摸索犯下大错误的概率。时代大趋势的把握、小风口的分析和赛道的经验，这些是外在力量如投资机构帮助创业团队的着眼点。

正是大趋势下的小浪潮决定了创业选择的赛道，只有站对了赛道，创业的起点以及路径才会清晰起来，这是更为细小的部分。有时，一个小的入口选错就会导致全盘皆输。

反观我本人的创业，最大的问题是我并没有发现用户的需求。从一开始用户群就是模糊的、不确定的，我只知道自己要做什么，而没有问自己要做的东西用户是不是愿意付费。除此之外，我的创业是从互联网这个产业大势出发的，我希望在这个改变社会的产业中找到自己的一席之地。这是一个宏大的出发，一个概念性的出发，一个学者或者书生的出发。从优米上线前后我们换过的几个大的口号就可以看出，我们并没有真正懂得用户，有的是自己的执拗和莫名其妙的信心。

这样的创业出发点在有一些学识的创业者那里极为常见。最近看到一位有影响力的媒体人创业后，我看到他也在犯我这样的错误。他要做的产品更加大而化之，他说要做一个改变人们生活方式的东西，但是什么并不知道，这样的创业其实从出发开始就注定了栽跟头。轻则会导致企业无法壮大，重则破产，甚至会落得一个家破人亡、众叛亲离的下场。我也栽过许多跟头，好在这个过程中我有机会向许多企业家请教，而且优米一直在做着创业的课件，所以我栽的跟头并不大。

媒体人或者学者的思路对创业的掣肘，还在于往往从行业出发，从大格局出发，从观念出发；而创业要从需求出发，从愿意付费的用户出发，从商机出发，这是两个根本不同的思路。思路的错乱要吃很多苦头才能矫正过来。让人稍有欣慰的是，我终于发现了像我一样初次创业者的需求，这个需求虽然并不是创业中最痛的那个点，但这是一个有人持续付费的需求。

2. 创始人是企业的核心

创始人是一家创业公司的核心竞争力，这已成为一个不争的事实，但很多时候创始人本身的局限也是一个公司瓶颈。这两个方面正好说明创始人对于一家创业公司的极端重要性。从 2005 年做《赢在中国》以来，与我有过交谈的创业者不下万人，我一直在想，到底是什么样的创始人更能把公司带到一个具有独特竞争力的阶段进而可以做大做强呢？根据这么多年的观察和创业实践，我认为有如下特点的创始人更能把事情做成。

第一，创始人胆大敢赌，有敢于冒险的精神。这是企业家的核心素质，敢冒险的人都是胆大的人，在企业的关键点上常常是大舍大得，大赌大赢，大拙大巧。理查德·康替龙在 1732 年的《商业概览》中认为，企业家是不确定性的承担者，对不确定的市场承担价格风险，是企业生产经营的指挥者和风险承担者。

关于这一点，曾经深度参与阿里巴巴创业过程的曾鸣教授有过论述。他是针对中国市场在很多行业里形成的“三浪并发”所说的。所谓“三浪并发”，第一个浪是最原始的行业生态，还没有被互联网改造过的，称为 1.0；第二浪是传统的互联网行业，称为 2.0；还有一种形态就是智能商业，这是在第二种商业形态之后的一种商业形态的升级，它能有效地利用数据和互联网以及各种专业性技术，称为 3.0。

但每个行业都会有自己的阶段，由于技术变革迅速，一个行业内常常出现“三浪并发”的情境。未来社会商业变革的时机都会摆在大家面前，选择不同的浪潮是完全不同的战略选择，那就要看你想要什么，你有什么。1.0 的商业形态在自给自足的状态，2.0 的商业形态可能是与这个时代需求最匹配的一种形态，它的商业增长常常如日中天，如果利用好现有几年的机会，也是一种选择。因为在鼎盛时进行新的选择不仅难度大，而且，即便进行了改变，其组织上的脱胎换骨也会是随后的难点。这期间作为创始人也很难完全看清，就算看清了，也需要勇气，需要敢赌。

而对于 3.0 的商业业态来说，这是一种全新的与未来对接的商业模式。如果是一个创业项目，它需要有一个长期的孕育期，为未来做积累。先期的投入就会是创业公司的护城河，因为真正在日后形成战略壁垒的，恰恰都是在早期大胆地投入累积的。但这种选择也极有可能会变成一个大的沉没成本，这就需要创始人有敢赌未来的决心。

商业形态处于 2.0 高峰时，地基常常在迅速塌陷。联想就是一个最典型的例子，2014 年，联想在 PC 的全球市场占有量已是世界第一。但是这一年，正好是智能手机元年后的第三年，看准了这个智能手机风口的雷军已经处在创业的第五个年头了，手机市场的竞争已达到白热化。也就是说，联想在 2.0 的市场占有率达到峰值时，业务的地基已经在动摇，但是对一个 2.0 的胜者来说，所占据的正是成熟的市场，当然也是收获期，这期间很难将大的赌注放在新的业务模式上。所以，联想后来在手机市场上花了很大的力气还是没有追赶上来，而参战 3.0 的雷军却将团队精力全部投向了这里。联想很难成为其中强手的原因是，领导人在主营业务繁荣期没有及时向未来布局。只要是布局未来，就一定有赌的成分，而少有人在一个业务的丰收期马上会再赌未来的另外一波机会，因为一个团队能抓住现有的果实已实属不易。

曾鸣教授所说的赌，是对行业前景和团队的深信不疑，之后才有了如赌场下注一般的决心。这就是大赌大赢，大舍大得，大拙大巧。这里的“三浪并发”很好地说明了商业场景中赌的原因。

只要是赌，一定会有信息不对称的部分，因为赌的是未来，赌的是你对这件事情做成的信心，填补这部分，需要的是勇气和敢赌的决心。赌对了做起来了，当然是大赢。与此同时，赌的时候一定会大舍，没有这个大舍，就没有大得。最后一个词“大拙大巧”其实指的是做事的一种方法和路径。在赌赢时，我们常常看到业务高速增长利润丰厚，但是前期的孕育、中间的试错、模式的验证都需要较长的时间和耐心。这个过程就是一个大拙的过程，没有任何捷径。结果看似大巧，实则要经历长年累月趴在地上的劳作。

第二，没有退路的创业者。这里指的没有退路，不是说不做企业就没有活路，理论上说，只要把创业的活路当成活着，所有的人创业都是有活路的。这里的没有退路是创业者要达到某种生命状态从而产生的对自己的要求，它是创业者内心背水一战的自我设定，是决一死战的气概，是向死而生的决心，是对自我和团队残酷无情的严控。

这一点是创办一家企业的核心点或者说立足点。在没有退路的创业者身上，你会看到他们有下列几个特点：

（1）自我驱动。人群中真正自驱的人极为少见，这种人就像内心深处放了一台永动机。他们坚信人生中拼搏的价值，他们不知疲倦地围绕着一件热爱的事情不断地投入，他们不用扬鞭自奋蹄。拥有这种自驱型人格的人，无论在任何岗位工作都会足够出色，都比同行要优秀很多。在创业者人群中，绝大部分都是这种自驱型的人。

在对创始人的培训过程中，有一个常常出现的情节很能说明这个问题。如果一位实战型企业家讲到了中午吃饭的时候，他说由于时间紧下面的内容就不讲了，所有听课的创始人都会异口同声地说，请讲。他们认为讲下去吸收更多的关于创业的实战知识会比吃饭更加重要，这个情节我在创始人的学习课堂上遇到过多次。我想起上大学时，有几次老师讲到中午时下课铃声已响起，但还有一些内容没有讲完，如果再讲十到十五分钟就会让所讲内容更完整，很显然一次性讲完对于学生知识的吸收和理解肯定比下次再讲效果要好一些。但是，只要下课时间到，就有一些同学不停地看表。当老师用商量的口气问学生，你们说是讲完再吃饭还是下节课接着上？此时，几个大胆的学生会说，下节课再讲，更多的同学用鼓掌表示赞同。大学生已经是一批爱学习的人群，但与创始人的学习热情相比，完全不可同日而语，因为创始人不仅肩负企业生死的责任，更重要的是他们基本上都属于自驱型人格。

而自我驱动这一点很难靠外在培训完成，它是一种植根于人的心灵深处类似 DNA 的东西。

（2）极强的抗压能力。创业的路上根本没有玻璃心的位置，更没有多愁善感的空间。但是，人并不是生来就具有从容面对挫折的能力，这种能力的形成一定来自挫折本身。如果你能经受一个挫折，接下来新的挫折来了，前一个挫折的量级就是你历经下一个挫折的信心来源，你经历的挫折越来越大，你的抗压能力就越来越强。有一位企业家，在 A 股股灾之后，他投资的公司绝大多数都出现了问题。我有幸看到过他写的日记，他从早到晚都处在救火状态，业务事故随处可见。我问他，你为什么可以扛得住呢？很多人在这个时候很有可能就跑路了。他说，他从创业开始的日子就是这样了，今天遇到的难题其量级比起早年创业的麻烦并没有大很多。他把处理棘手的问题变成了日常工作的一个常态，这就是受挫多了，抗压力变强了。

（3）目标感强。这是一种做事的独特方式，我们观察人时发现，有很多人会十分注重过程中的感受，常常在那些细小的感受中把最重要的目标弱化了。有一部电影中一个小细节我记得很清楚，一位要复仇的男主角在复仇的路途中，走进一家咖啡馆休息，其间有一位挑衅者当面羞辱他，在他肩上划了一根火柴。面对这位地痞的挑衅，他不声不响地走了，他记着心中的目标是复仇，如果让自己跟这位地痞争斗起来，很有可能影响他的大目标的实现。这个道理说起来容易，很多时候涉及自尊和身体健康的双重挤压时，一般人是很难做到的。

（4）有捕捉商机的敏感力。拥有前三点并不会成为一个企业家。一个赌场高手、流氓头目、武装叛乱分子、大毒枭、大土匪都具备前三点。在人群中真正可以把企业家与其他人群区分开来的就是对商机的识别力。对商机识别的天赋和才能决定了企业家的核心能力特征，这是他在商界立足的最重要特质。

（5）连续创业，不怕失败。我一直认为，在这个世界上，唯有失败和挫折才让你真正看清自己和他人，才能真正让你找到创业的手感。失败是人生最好的营养液，虽然它的口感并不好。因为你只有被生活击倒在地时，才能真正看清周围的形势和自己的能力，这个时候对自己的认知才是真实的。

今天在中国能有所成就的企业家，无一不是有过多次挫折的连续创业者。如果能相对客观地进行总结和复盘每一次受挫，那么带给我们未来的营养一定是极为丰富的。我们每天会听到无数的正确的道理，但是如果不与自己的体验和经历发生联系，都很难内化成为自我成长的营养。

一个人在创业上的尝试尽可能不要说成是失败，只要你的人生还在继续，那些看起来的弯路都会重新连接起来，它们属于你人生的独特轨迹，当然也是你人生要义构筑的独特风景。

生活和事业上那些挫败，更多像一个硬币的正反面。支撑我们站起来成功和光芒四射的，恰恰就是那个硬币的反面。所以，人生没有失败，只有不同的面，不同的阶段。因此，那些连续创业者，如果是一个智商并不低的人，最后一定会将那些受挫的东西化作他独有的营养，从而储备为下一次挑战需要的能量。在中国所有成功的创业者中，太多的创业者是连续创业者而最后获得巨大成功，马云、史玉柱、王兴、张一鸣等都是。

（6）懂得分享财富。这本是一个性格特征，但它会影响到创业的成功概率。人的性格特征有很多，但这一点会直接影响到所创的事业。慷慨，是一种与人分享成功的特性，往小里说，就是大方，不让别人吃亏，这样的人会有很多朋友，困难时有很多人相助，会有很多人跟随。有一些创业者很多条件都具备，就是抠，就是小气，算小账，如果体现在核心团队的搭建上，就会遇到很多麻烦。

上述六点都具备的人其实很少，这些要点其实根本不足囊括全部。而且，这些特点更多的是从时代的后端这个相对固化的点向历史深处发掘，如果进行一个逆向操作，要在创业者人群中发现某位创业

2018 年 1 月我与马云在道农会上

2016 年我与史玉柱在他的家中

者具有上述六点却是很难的。他们可能在某些点上突出，在某些点上很弱，而且随着时间和外在各种因素的变化这些点也都会发生变化，这就是为什么风险投资其实是一个在动态中识别创业者的游戏。

而创业最为残酷的是，即便一位创业者具备了以上六点也并不能保证创业的成功，这些只是创业的必要条件，并不是充分条件。但有一些创业者在走向创业之前就注定难以做成一家上市公司，注定难以将公司做强做大，他们是下列几种人。

第一，聪明有资源但有退路的创业者。创业其实是走上了一条不归之路，如果你走上这条路，老想着还有其他更好走的路，也就是有后路，那么，在创业这条异常艰苦的路上一定走不下去。

我认识一位原来在大平台工作的电视节目制作人，有经验也很有才华。离开平台创业后，他与几位合伙人制作节目多达二十多档，其工作强度比起以前翻倍。我见到他时，他身体的消耗非常大，双眼浮肿，脸色蜡黄，但他拼命的劲头却十足。那个时期正好是电视节目制播分离的大好时光，无论制作方还是播出平台以及广告方，都处在一个良性循环中。

几年后，电视台业务的发展受到新媒体的冲击不断下滑，他们这个团队的业务只好收缩，日子也一天天艰难起来。此时，一个国家大平台向他伸出了橄榄枝，他犹豫再三还是关掉了剩下的业务，重新回到了他更熟悉更安全和更有规律的大平台。

这一类创业者在走上创业路时，其实是抱着试试看的心态，一旦遇到难以逾越的难题，那个藏在心中的后门就自动开启了。门一打开，他们当然不再费力找寻创业的门路，因为在拼死拼活后找到新的门路是一个小概率事件，除非有特殊的原因，一个人基本不会走更难的路，这是人性。

当然，通常这群人的目标感也并不强，他们身上也没有那种咬住目标不放松的定力，他们多半把创业当成一种人生体验，并不是一种使命必达的决心。

第二，在专业领域成功过的创业者。有过业务上成功体验的创业者看似离创业很近，实则很远。因为，把他们送到成功位置的经验恰恰是他们在创业后的思维藩篱，如果不能根据创业中变化了的场景和决策前提进行改变，落败的概率会很高，因为改变思维方式本身就是很难的事情。那些拥有较强专业能力的创始人过去赖以成功的东西久而久之一定会成为他们的思维定式，这不仅是决策惯性，也是习以为常的路径依赖。因为他们曾经或大或小有所造就，曾经的成功已经让他们的社会地位有了改变，相对于华山一条路的草根创业者来说，他们的创业动力肯定不如后者。

2016年在制作《有志·赢在中国》时，我们邀请了一些曾经得过世界体育冠军的创业者来到现场，其中有一个小片拍到了一位冠军创业者开会的镜头。当时的总评委冯仑对那位冠军说，你不应该坐在老板的位置上，那个位置是一位真正商人坐的，那个人应该是你的核心合伙人，他才是操盘的人。冯仑建议她要尽快找一位商业化能力很强的人来打理业务，而她最好就只管专业和公司品牌的事情。这个建议非常到位，冯仑实际道出了所有那些拥有一技之长的创业者们组建核心团队的路径。

有太多的专业人士投身创业之后，他们一边要维持专业水准，一边要张罗企业的各种事项，结果是两边都没能顾好，进而身心俱疲，进而灰心丧气。这一类创始人都没有明确意识到做CEO是一种专业能力，是一种整合资源抓住商业机会的能力。有一些大公司高管通常是在一个已经搭建好的系统内作业，他们把握的并不是全部，而是局部，即便是很重要的局部也仍然只是局部。一个在局部工作的人所做的工作永远要在全局的决策下执行，即便他们参与了全局的决策，他们与最后需要拍板的那位最高领导人的信息占有的程度相比，所需要的决断能力和控盘能力也是不可同日而语的。这个情形就像一个汽车驾驶员与坐在副驾驶上的人所作出的决策不可能相同一样，在副驾上坐的时间长了，他很可能知道那条路怎么走，但是他坐再久的车也仍然不会开车。大公司的高管就有一些类似坐在副驾驶座上的人，他们受过比较好的训练，在大公司的局部有一定的能力，也了解系统。但他们中间的绝大部分人并不会搭建系统，就算会搭，如果只能照搬原样而不会根据实际情况进行改动和调整，他们在创业中仍然无法发挥作用。其实，在一个创业公司开始时也并不需要这些大系统中出来的人，他们的作用往往在公司从 10 到 100 的过程中才能够发挥。所以，大公司的高管创业的难度可想而知。

第三，国企和机关的干部。近年来国企和机关的干部也有不少人下海创业，他们相对体制内的人来说是异类，但真正到市场时，他们离市场化的人才还有相当大的距离。这部分人希望在有生之年有所成就，但多半因为原有体制僵化和人事的纷争制约了他们上升的通道，所以毅然寻求创业的新路。这类人群的特点是有能力有抱负有情怀，在体制内他们显得很市场，真到了创业的战场，他们的思维方式却呈现出很体制化的一面。过去工作平台的优势在创业所要进行的地面肉搏战中很难发挥效应，新的环境是他们既不熟悉也难以面对的，心理的不适带来的煎熬难以想象。比起草根创业者对市场机会的把握和拼抢，他们显得缩手缩脚、畏首畏尾，这样的姿态让他们在市场的竞争中只能一而再、再而三地显示出竞争的劣势。

写下上述几种人，我不禁哑然失笑。其实这几种人都是社会主流航道中的得意者或者得利者，他们的再次创业表明他们在个人价值实现上对自己有所要求，但创业成功的机会极少眷顾他们。因为创业这档事情，原本就跟上述几种人群缘分不深。他们曾经占据过社会中心地带的资源，但如果要靠创业再次走向社会主流，他们的前路会比草根创业者困难许多。

3. 没有合伙人是创业的硬伤

无论多么高明的创始人，很难独自撑住一个互联网公司。

创始人需要有多方面的才能，功能上有财务、人力、法务、融资，业务发展上有产品、技术、运营、市场营销和渠道管理，当然还有一些公司有供应链管理和其他事项。对创始人来说，如果你只靠自己，基本上难以让每一个决策及格。

创始人的能力虽然是有限的，但是团队的力量可以弥补创始人的短板。核心团队的组建是创业中最容易被创始人忽视，同时也是创业获胜中最关键的武器。

怎样为一个创始公司组建合伙人团队呢？这里有三个原则。第一，与创始团队价值观一致，能力、性格互补。第二，依业务性质设定合伙人的位置。第三，价值分配设置合理。

如果用一个图形来表达的话，理想的状况是创始人处在中间，核心团队背对着创始人围成一个圈，他们手拉手各挡一方射来的箭，形成初创公司的合力。创始人为什么会在中心呢？实际情形中，因为缺人手，创始人极有可能在擅长的领域突进，但长期这样，对创业公司组织的均衡发展和决策都会有负面影响。创始人处在中间，是因为所有那些事关公司生死的决策，都是创始人最后一个人决定的。这就是成功企业家常说的，听多数人的意见，与少数人商量，一个人决策。我曾经当面问过马云，在你决策时有很多信息你并不是很清楚，而且决策的时间很短，不可能让你等着拿到更多的信息，你是怎样做的

王兴最重要的合伙人，美团前 COO 干嘉伟在《赢在中国 · 创始人特训营》讲课

呢？他想了想说，这样的决策就像一位老猎人最后扣扳机的情形，即便你瞄得再准，在猎物移动过程中，一定会有射程上的空白点，这个空白点是你根本不可能用任何方式固定住的。真正的打猎并不是打靶，靶子是不动的，但猎物一定会动，而且还不是匀速的。猎物在听到枪响后，会有一系列你想不到的意外发生，老猎人用的就是一个经验值，一种直觉。但很多创始人的困难在于，创业前几年根本不可能有经验值，一个经验老到的人才能有，早期创业者第一次创业的前四五年其实都是懵的，不要说什么经验值，连经验可能都没有，有的只是教训；也不要说什么有一圈人围着你，你有可能连一个合伙人都找不到。通常的情况是你找到了一个，这个人还未必合适，你还要继

续找，这一个合适了，下一个刚刚融入进来的人可能还会与你形成复杂的矛盾关系。但无论有多难，仍然需要找人，只有要害部位上都有一个能力和责任心与之匹配的人，公司才会有长足的发展。

创业的难题，其实就是找人。雷军在创办小米时，已经是一位创业二十多年的老兵，一位名副其实的创业老猎人。他发现了智能手机这个大的浪潮，这是一个大众且有刚需的创业宝地，然而他并没有一门心思只造手机，而是花了 50% 以上的时间在找合伙人和他中意的业务骨干。有时为了招到一个人，他竟然可以跟人家从下午聊到半夜，然后由其他合伙人接着聊。小米的同事开玩笑说，之所以加入小米，是因为聊的时间太长而体力不支只好答应。在雷军的八个合伙人中，每人执掌一片天地，这就有些像上面我所说的那个图形，雷军在一群合伙人中间，看准最关键的突围点，做最重要的决定，然后加大火力以迅雷不及掩耳之势炸开一个通道，用互联网线上销售作为主要的手机销售渠道。这个新渠道的开辟一下拉开了与众多传统手机生产厂家的区别，小米员工参与粉丝互动，成为了小米业务发展护航的利器。

我记得创业初期我曾多次请教雷军。第一次他在一张白纸上跟我讲什么叫融资，讲公司的股份为何是创业中最宝贵的作战子弹，因为它是吸引合伙人最核心的东西。那张纸我还保留了下来，这其实是我听到的关于股权和合伙人最好的一课。

有一次，我带团队去小米深入交流了优米的业务。当时工作了一整天的雷军已经是满脸疲倦，晚上八点多钟接待了我们。他花了两个多小时来讨论我们到底该做什么。因为我不想做任何实物性产

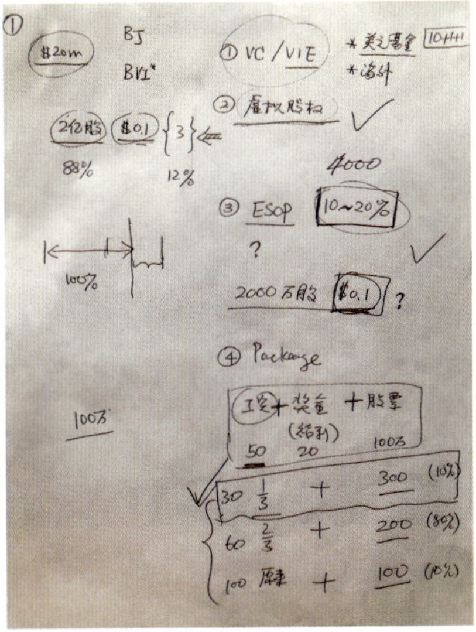

雷军在纸上讲解什么叫融资

品，又不愿意做电视节目和相关项目，所以可选范围其实极其有限。而且当时我刚刚创业两年，一切还都似雾里看花，并且那雾还不是一般的浓。雷军当时所说的我字面上听懂了，但并没有理解其深意，几年后我再回看那个笔记，当初的确没有理解他讲的用户和合伙人的重要性，现在看来是有些浪费他的时间。

2014 年我清晰地意识到合伙人的重要性后，也不断寻找合伙人，但因为赛道的不清晰和知识付费业务突围的受阻，找来的人也相继离开。所以说，赛道在先，合伙人在后。

如果要说找人，最先要找的是擅长融资的合伙人。做互联网创业的创始人最好与一位懂资本的或者有过类似经验的人一起创业，资本这根线从创业开始就需要有一个人专门来做，因为它带来的不仅是资金。一位 CFO 型的人才作为合伙人的加入会解决一系列一般创始人解决不了的问题，如合伙人的价值分配和退出，这些都极容易引发内部争斗。另外，除了初期的一轮轮融资外，最后的上市，以及在资本市场上各种金融工具的使用等，这些如果没有一位在资本市场上的强手作为核心的合伙人是很难驾驭的。如果是一家以科技为驱动的创业公司，这样的合伙人几乎是一个刚需，它的重要作用仅次于创始人。

我们很难想象当初没有蔡崇信的加入，阿里巴巴会是一个什么样的情形；也很难想象，如果不是雷军本人在创办小米之前有一段五年的投资经历，小米融资会不会是今天这个格局；滴滴没有柳青带来的那几轮救命的融资，在后面一浪一浪的安全危机中如何撑得住。

一个企业账上有钱，就可以重新寻找新的突破点，就会有新的机会，就有时间喘息，这是一个硬道理。我是创业很久才意识到这个问题的。因为优米的创业并不是一个指数级的用户增长的业务，它发展缓慢，业务规模也小，所以这个合伙人的缺位并没有致命。

有很多公司从一开始找的往往是业务合伙人，当然这方面的合伙人很重要。但是更为重要的那位合伙人是懂资本的人，这应该是想做成一家指数级增长的创业公司的一个标配，一个不可或缺的力量。如果有可能，一位融资合伙人、一位业务合伙人是比较理想的，但在现实中，这样的理想状态很难如愿。

4. 创业是有实操步骤和方法的

创业有许多认知上的道理，但最终都要落实到实际的执行中来，要执行就需要有步骤和方法。这一点看起来很细小琐碎，但它却是形成公司文化价值观，打造团队相似的工作习惯，减少冲突，最后达成核心团队默契的必经之路。在这里，我把基本的步骤和方法总结如下，以便让创业者们借鉴参考。

第一，先找相关核心合伙人，确定一种工作习惯，比如说工作日报、周报、晨会和周末复盘会等。

第二，合伙人与核心用户深入交流，找到其痛点。

第三，最小化可行性产品，这个最小化可以采取将产品周期缩到最短等各种方法，最小化产品在《精益创业》这本书中讲得很清楚。

第四，核心合伙人对业务的关键指标进行重点跟踪，并初步验证商业模式。

第五，低调地进行产品上线和精心运营并实时总结。

第六，合伙人股份的分配商定。

第七，进行产品和服务周期性的迭代，并在过程中建立公司业务运营的初步系统。

第八，再次确认创业核心团队或进行必要的增减。

第九，注册新公司，并签署股东协议。

第十，融资以确保业务推进的资金，这一点也可以在创业之初就进行，但最迟在新公司注册后就应该进行。

第十一，对产品和服务的关键指标与商业模式进行分析，并确定基本产品和服务的核心价值以及交易中几大核心要素。

第十二，开始少量招收必要员工并进行相关业务培训。

第十三，业务初步跑通，相对固化和标准化产品及服务业务流程。

第十四，培训业务骨干，扩大业务规模。

以上流程中，有些是同时推进以日为单位进行迭代的。这里有一个创业的铁三角：赛道—产品—团队。这三角是形成一个公司最基本的框架，只有这三个要素稳固了，创业公司才基本站稳脚跟。

但在打造铁三角的过程中，有一些创业者还会遇到有可能阻碍公司发展的难题。有一位创业者一脸愁容地告诉我，他的公司遇到了融资的难题。他创立的是一个提供技术性解决方案的公司，发展得不错，融资本不应该是一个太大的难题，但就是卡住了，而且账上的资金因无法维持一年的现金流。投资机构在了解他的公司的股权结构后没有一家愿意投资，原因是他初创企业时不懂得股权的结构方法，人家出了几千万一下子占到了他公司 51% 的股权，他和团队从一开始就只有 49% 的股权。这样的错误其实有太多的创业者都犯过，投资机构布局这样的股权结构要么是一家并不专业的公司，要么是想向他自己的其他公司合并财务报表充业绩。前者的概率很高，但如果投资者看到后面的业务发展起来了，再从投资人手里回购，其价格是最大的难题。如果是后者，那就意味着从开始这位投资人就把这个创业公司当成了赚钱机器，基本上不会让这家创业公司独立发展。面对这样的局面，新的投资机构当然不愿意接受原有的股权结构。类似这样的问题还有很多，它们看起来都很小，但在公司发展中，任何一个小错误都有可能让公司夭折，或者要费尽创始人太多的精力和财力才能妥善处理。我在这里也将这样一些开始时很小，但未来也许要命的问题列出来，供创始人参考。

第一，创始团队任何一个人都不可兼职，必须全情投入，无论多少资源都必须全职，如果是兼职最好是顾问型。

第二，开始创业时，其核心团队必须集中在一个地方，至少要融合三到五个月，最好同吃同住同工作，不可开始就异地办公。

第三，种子投资的个人和投资机构所占股份最多不可超过 30%，否则就会成为未来投资机构进入的障碍。

第四，核心合伙人入股必须真实出钱，必须签订股东协议，必须有明确的退出条款。

第五，核心合伙人的引进一定要由创始人最后决定，而不是外在投资机构把持。

第六，核心合伙人的引进不能三五个同时进行，最好形成时间上的间隔，先融合一到两个人，然后逐渐进入新人，这样便于团队文化的打造和团队的逐步形成。

第七，核心合伙人的股份最好由一个合伙公司持有，合伙公司授权创始人签字，而不是每一位合伙人呈现在母公司，以防合伙人在企业签字过程中因种种原因不配合。

第八，创始团队的股份开始最好不要低于 50%，否则会影响创始团队的投入度。创始人的股份开始至少要有 25% 到 30%，其他职位依据其重要性和合伙人的能力而定，因为融资过程中一轮轮稀释会让股份逐渐减少。

第九，创始核心团队不可找名人和已经成功过或者财务已经自由的人士。

第十，创业公司的 CFO、销售或者渠道、产品打造最好是请专业人士负责，而不是由创始人经过自我学习完成。

第十一，人力资源第一人就是创始人本人，CPO 必须懂业务，必须是从业务人才中培养，但人力资源的系统化最好依靠专业人士。

第十二，创始人在组织打造上不可照抄任何公司的经验，打造组织需要将本公司的业务特性进行重新设置。

第十三，尽量把企业放在产业链资源有积累和集聚的地方，与地方政府保持密切的沟通并得到其应有的协助。

5. 投资机构是做大做强的助推器

资本对于一个公司成活的重要性在互联网企业 BAT、TMDJ 中体现得淋漓尽致。专业投资机构进入一家创业公司后，一个企业就开始步入正途，这是因为资本带来的不仅是资金的补充，还有行业的认知规律、赛道的实战经验，更重要的是每一轮融资和未来向资本市场对接的方法。

创始团队将一家公司带到上市阶段，投资机构在公司从小到大再走向资本市场的过程中，其作用与业务发展相比应该是平分秋色的。还有一些行业，比如说视频网站这样一个大部分公司都亏损的业务，在谁先上市这一点上成为了一个事关生死的时速比赛，这点足见资本在一个公司发展过程中的作用。但是绝大部分创始人对资本在一个公司发展中的巨大作用的认知存在局限性。由于企业家类型的思维方式和投资人的思维方式有着根本的不同，其间的交流很有可能会引起创始团队的心理抵触。这种心理状态会让太多的创始人弱化资本的力量，其实资本的力量会让创始团队用资本的眼光看待业务，这个眼光恰恰是未来资本市场所需要的。

一般来说，创始人和团队多有情怀和理想，企业家大多有朋友义气，这些方式会与投资人投资回报的思维方式形成冲突。但是，如果创始人要做一家上市公司，那就必须以资本的视角来审视企业的行为方式。这个视角不容任何浪漫化的情怀和江湖义气的抒发，企业的发展必须以数字为基础进行理性化和精细化的计算和考量。

盛景网联董事长彭志强在《赢在中国·创始人特训营》讲课

资本在创业中对于方向和创业赛道的选择也至关重要。关于创业方向的选择和赛道机会的认知，是投资机构最大的优势，因为一家专业的投资机构中其投资人一定会有行业的侧重，有些投资人甚至会在某些业务领域很有心得。他们的投资经验就是一笔无形的财富，而创始人或者说创始团队常常不具备这样的行业调研能力。即便有，也由于创始之初一到两年事无巨细地消耗时间和精力，常常迷失在业务中而无法看清赛道，而赛道上进入的路径和切口又至关重要，有时一个路径选择的错误会导致全盘皆输。尤其是互联网的平台模式，它基本上离不开专业投资机构的帮助，因为公司初期为快速占领市场获客进行的跑马圈地需要大量的资金支持。

6. 用户需求的满足是商业不变的本质

创始团队要以用户需求为中心，不应受到过往商业模式和行业固有观念的限制。创业机会大多是在社会变化中、在新需求中诞生的。这些新需求的满足要求创业者整合科技力量以及其他行业的服务手段和资源来进行新的产品开发，从而满足变化了的需求。由于创业者认知往往还停留在某个行业和商业模式的限定之中，常常画地为牢，不敢越雷池一步，而忘了创业最重要的目的就是满足用户的需求。其实，在服务用户这个前提下，一切现成的科技手段和服务方式都可以使用，一切行业的壁垒都可以跨越，一切被广泛认可的商业模式都可以突破。创业和创新的双重叠加才可让一个公司紧紧抓住时代变化带来的机会，从而立于潮头。

淘宝网的创业就是一个打破行业认知的过程，它的商业模式完全是根据用户的需求来建构的。网上购物时用户缺乏信任，它就用支付宝这样的一个双向担保的方式解决信任问题，用阿里旺旺软件作为用户与商家讨价还价的通道，让用户在页面上用搜索的方式找到产品从而建立了以广告为主的商业模式，用平台对商家的强运营建立了自己最重要的优势，用生态管理的方式团结了物流、图片拍摄、代运营等周边服务，最后因流量太大的问题又自建了云计算。几年后其云计算已达到全球市场份额的第三，而当初解决信用问题的支付宝，最后也变成了小微金融服务的一个大平台。我们看到，这是一个围绕着用户需求不断找方法、不断跨越行业壁垒打破固有的商业模式的创新过程。其中，围绕用户做文章是一个立于时代潮头的企业之核心，这就像是港湾里固定停靠船只的铁锚。每每这个时候，我就深刻理解了马云每次强调的阿里的价值观："用户第一，员工第二，股东第三"。

以用户需求为导向的业务其实是一种不受固有行业所限的业务，它不会执着于是新媒体还是知识付费，是在线教育还是线下服务。摒弃行业壁垒，一切以用户的需求为圆心进行产品的开发和结构，这个道理看似简单，但是优米却是费了九牛二虎之力才悟到的。它看似容易，但一做就错。不要说我们这样的创业公司，就连今天已经创造了奇迹的淘宝的高级管理者，也遇到过受行业观念所限的难题。有一位来自传统零售业的管理者加入淘宝后认为，一年能够增长 8% 已经是零售行业的奇迹了。显然，他判断淘宝的增长用的是原来零售行业的知识，但最后在互联网的助力下，无论是淘宝还是天猫的增长都达到了传统零售业的十几倍。这个结果是那位高管用传统零售行业的认知所无法理解的，原因无他，新的科技手段会将所有的行业划分在新的需求中进行重构，如果执着于原来的固有模式，一定会眼睁睁地丧失千载难逢的机会而落败。而在这个过程中，其实只有一个核心要紧紧抓住，那就是用户的需求。根据用户的需求进行后端没有条条框框限制的产品和服务的设计，这才是商业的本质。

无论科技如何发展，时代如何变化，用产品满足用户的需求，这是穿越时空的商业本质。至于这个产品是否打破了行业界限从而跨界，是否符合行业规律完全不重要。在这里，所有的技术力量和围绕产品的要素都需要根据用户的真实买单意愿进行重组。

7. 资源并不是拼市场型创业的核心点

资源在创业中的作用常常是被人们误会最多的一点。如果资源也能构成创业的核心点，那么，富二代创业的成功几率应该是最高的，但是在现实中我们看到，富二代创业远比普通创业者更难成功。因为资源虽在非市场型的创业中占据很大的作用，但是互联网创业是一种拼市场拼用户拼团队的创业，资源在这里的作用大大减弱。

今天的创业更多地发生在互联网产业中，这个产业与产出过一大批富豪的房地产和制造业完全不是一个性质的竞争战场。无论是房地产，还是制造业，资源都至关重要，但在互联网产业的创业中，拼的是客户的获取和运营服务，钱和资源的相加并不能产生一个成功的企业。这里有一个活生生的例子，来自曾经想从传统产业进入互联网的万达。

2017 年在万达的年会报告会上，王健林提出要在 2017 年对旗下的飞凡公司进行 A 轮融资，这是万达计划要做大做强的一个互联网公司，计划募集资金 100 亿元。A 轮融资 100 亿元，这是我听说过的最大规模的 A 轮融资，可谓气吞山河，钱流滚滚，万达网科组建的布局也是排山倒海，格局颇大。万达最后到底给了这家公司多少钱我们不得而知，但可查到的网站是这样一个介绍："万达网络科技集团隶属于万达集团，成立于 2016 年 10 月，秉承'新科技开创新商业'的使命，旨在打造具有创新商业模式和先进科技能力的世界级科技企业。"能这样写，是因为万达网科的雄厚资源不胜枚举，它的旗下包括飞凡信息公司、快钱支付公司、网络信贷公司、征信公司、云公司、海鼎信息公司、迈外迪公司、ETCP 公司等多个公司。

但结果呢？最重要的是要看结果。2018 年年初的裁员风波中据说有 6000 名员工被裁掉了。是否有 6000 名并不重要，重要的是这个企业还是没有做起来。王健林说："我曾经犯了一个错误，就是给了曲德君太多的钱，我跟一些企业家讨论，他们说当初网科少给点钱，定个投资上限就好了，看来钱不能给得太多。"这位曲德君就是王健林把从传统产业向互联网进军的重任交付的那位创始人。

王健林自己的反思告诉了我们一个道理：太多的钱和资源害了这家公司。 缺钱缺资源，是所有创业者纠结的根源，为什么既有钱又有资源的万达网科会成为一个错误呢？因为一个需要获取用户、需要拼市场能力的企业，如果在开始就拥有大量资源可以利用的话，一定无法形成团队的拼杀能力，而这个能力才是企业这个生命体的核心。

互联网行业是一片科技应用日新月异、用户习惯不断迁移的创业热土，团队紧盯用户和产品、牢牢把握运营能力才至关重要。所以，在互联网行业，钱和资源对于做成一个可持续发展的事业并不构成关键，而团队才是关键，才能孕育创业公司生命的种子。

那些认为可以靠砸钱砸人砸资源砸出一个成功的公司的人，他们不明白一家互联网行业的新创企业是在培育一个生命。这个生命的成长是一个由小到大由弱到强不断发展和迭代的过程，它是一个点上的展开，而不是面上的铺陈；不是宏大叙事，而是微观入手。如果不是这样，今天的李彦宏、马云、马化腾、刘强东、王兴、程维、张一鸣们，都不会有创业出头的机会；所有的大集团和世界 500 强们都会凭借资源和财力的雄厚而实现轻松转型，而一穷二白的年轻人只能望洋兴叹。

万达用钱堆不出一个互联网科技公司，强大的阿里巴巴倾全力也做不出“来往”，那么多流量的腾讯做不出一个像样的电商，李彦宏用 200 亿元也没让百度外卖逃脱被收购的命运，这样的例子还可以一连串举下去。它们说明，互联网创业拼的不是钱，不是资源，在许多时候钱多了资源多了反而会成为腐蚀团队的毒药，而且，市场上也没有一个创业是因为砸钱、砸资源而成功的。

创业是一个找寻公司生命力的过程。找到了公司的真正 DNA，才能由小及大，这个规律不可能因为钱多资源多而改变，钱和资源最多可以拼装组合成一个所谓大公司的架子，但那是一个没有生命力的架子。没有生命力的东西，再大也会倒，也会朽，而有生命的东西，再小也会大和强。

互联网创业拼的是核心团队，是一帮人百折不挠的决心和决绝，是一帮人发自内心想做，而且团队还有能力去做的愿景。决心，是要做成事情的动机，决绝是经得住各种考验和诱惑而且不留退路，除此之外还要有可以与业务匹配的能力，只有这样的团队才会在竞争中胜出。做任何事情，如果你的决心比别人大，你的毅力比别人强，你的团队组合战斗力比别人猛，你取胜的概率就会大很多。

其实，万达网科初衷是想通过互联网的技术让万达的线下业务与线上业务相结合，让客户的体验更好，客流更多。这样的业务如果在实际应用的场景中一点点试水，不断地反馈迭代，极有可能培育出新业务的生命力，最后成活。但遗憾的是，这个公司的做法正好相反。

睿智的王健林已经进行了深刻的复盘，他说："老想大规模来做，如果就为万达广场、旅游度假区研发，可能早就整出名堂了。"

这句话说到了核心，当初如果紧贴万达现有的用户来小规模试水而不是大规模铺开，极有可能探索出一个有生命力的线上线下融合的商业模式来。当然实际运作起来的确很难，因为让人来做一个宏大的事情和给予雄厚的资源，在招兵买马时容易开头。若只是在万达的原有业务上做增项，少有强将愿意介入，再加上钱和资源对于万达本身就不是太大的问题，又要抢时机，所以就布局了这么个史诗级项目。

不要说万达，许多创业公司在围绕原有业务做事情时，一帮人做着做着就想开发个 APP，单起个内部创业的项目。如果只是做与原有业务的融合，涉及面广、人杂、文化融通又有困难，人们当然不愿意做。一帮新人肯定想做有钱有资源另起炉灶的事情，这里就要看创始人的定力和在重要事情上的把控能力。

其实王健林的儿子王思聪所创建的熊猫直播的结局也是类似的例子。作为普思投资的创始人，王思聪无论是钱还是资源应该都不在话下。不要说用他曾经是中国首富的父亲的资源，就是他本人在社交媒体的影响力也不可小觑。他在微博上的社会影响力，在娱乐圈中的热度远远超过一个一般的娱乐明星。这些优势也曾经一度使熊猫直播热闹非凡，因为钱和资源在短时间内是可以让一个平台看似如日中天的。但是，创业拼的就是团队，一个公司团队的内在造血机制如果没有形成，就无法获得可持续的发展，这就是没有钱没有资源的斗鱼可以在纽交所上市，有钱有资源的熊猫最后只能破产清算的原因。

许多朋友问及我的创业时，常常会说一句，你看你有那么好的资源和人脉，一定可以把公司做好。曾经有一位朋友跟我吃饭，席间他拉下脸说要跟我说说知心话，他说我那么多好的人脉关系并没有用到位，要是他一定把这个人物这样用，那个人物那样用，说我有那么多有名的好朋友，对我的创业却没有帮上忙。我见他认真而不是开玩笑，也只好严肃地对他说："第一，我们所做的这些创业项目是一个拼市场的活，并不依靠资源，而是依靠创业团队做产品和服务客户的能力。第二，如果创业需要依靠认识的某些名人取得成功的话，我宁可不要这样的创业成功，我并不希望顶着一个成功帽子的同时，不敢正视一些人的眼睛。第三，我认为所谓的人脉是你可以为对方创造价值，如果不能，那就不是你的人脉，即便强行维护一种关系，也不会是一种良性关系。最后，朋友并不是一个人的私有财产，我并不认为你拥有有名的朋友，就可以为你的商业利益变着花样使用。没有谁欠谁，朋友如果不能为对方创造价值，至少要让对方跟你交往愉快，否则就不是朋友。"当时我几乎是没有停顿地说完了这几点，由于我眼神坚定，满脸严肃，一气呵成中听起来有一点点愠怒的味道，他看着我，表情略显尴尬。

接下来的气氛当然不会好，我跟他的交往也许会从此画上句号，但我并不后悔。人的一生中总有各种人来来往往，这很正常，还是那句话，相互创造价值就是朋友，不能创造价值至少让对方愉快，否则还不如独处。

那样一次并不愉快的饭局后，我发现了朋友的相处之道必须建立在相互爱护的基础上。在你占有的信息并不充分时，你最好不要对朋友的所作所为进行直接的评价和指点，或者以友谊为借口进行不留情面的批评，看起来是为朋友好，其实这样的相处之道会带给朋友不快。没有人是完人，即便是那个朋友错了，在他并不想接受某种批评和指责时，所谓真诚地指出缺点或者一针见血地批评只会破坏你们建立起来的关系。不要说是朋友之间，就算是在家庭中，孩子在不想听时，父母出于爱的呵斥和批评都会引来极大的反弹和反叛，有时还会有极其恶性的结果。

那位朋友不仅对我了解不够，而且对互联网的创业有很大的误解。创业成功的要素既不是人脉，也不是占有了什么资源，创始人的思维方式和对用户的了解比人脉和资源都更重要。如果一个公司的资源多，团队里能用人脉和资源的地方一定不会去吃苦去拼市场，长久下去，拼杀能力就会减弱。而创业公司主要靠的就是团队能力，团队弱了，当资源不再有时，公司发展当然会有问题。

更要命的是，长期依靠资源的团队还会不自觉地弱化对用户的关注。所谓的资源基本上是搞定一方让成交容易，成交容易了，在产品上和用户上就不那么上心了，团队当然就会把精力放在资源的维护上。

当然，上述所指的是靠拼市场的行业。如果是房地产行业，维护好政府关系拿地，维护好银行关系贷款，再维护好大的买家集团购买，其业务要素基本上就搞定了，其他则是完全可控的乙方。当然，一流的房地产商也不是这么简单，但资源和人脉在房地产这个行业里比互联网创业重要多了。

改革开放四十年来，其实只有三大产业成为了风口，一是以出口为导向的中国制造业，二是房地产业，还有一个就是互联网产业。纵观中国富豪榜上的企业家，基本都处在这三大产业中。无论是制造业还是房地产业，人脉和关系其实都非常重要，有时甚至就是生命线。但是互联网行业的创业，至少在上市之前，所谓的人脉和资源并没有那么重要。因为，持续获客这一点靠资源和人脉基本上是不起作用的，当然，当互联网公司做大了，是否需要人脉和资源另当别论。总之，获客的过程，业务指数级增长的过程，政府资源和人脉资源帮不上太多的忙。

所以，在互联网行业，锚定用户才是根本。公司早期创始人的决策，都直接或间接与用户相关，如果创始人与用户接触的时间很少，你根本找不到手感，而这样的缺陷是用数据报表和行业信息都无法弥补的。长期不接触用户，久而久之，你的产品和服务一定会慢慢丧失独特的竞争优势。

在所有的业务决策中，创始人对于用户的体感，是创始人做决定时必须紧紧依靠的锚点。我经常看到创业者花大量的时间去等着一个重要的人物，希望跟他们建立某种人脉关系，更有甚者，为了这种所谓人脉，他们泡论坛，参加各种活动，混各种圈子。人脉其实很少会在这样的场合建立，真正让一个创业公司站起来的，还是客户对公司产品的认可，是创业公司对需求精准的把握，是在服务人群的半径不断扩大时，公司在规模化的过程中仍然没有踩空。如果做到了这几点，你的人脉就会一点点到来，而如果你的业务发展不行，你花时间去经营所谓的人脉是徒劳的。

好未来的张邦鑫是我非常敬佩的一位创业者。他的创业起因很简单，就是做家教挣钱，家教做得好，忙不过来就找信得过的同学帮忙。更多的家长需要这样的家教时，他就找更多的同学帮忙，然后顺理成章地成立了一家做家教的公司，然后再将业务一点点优化，后来越来越多的家长愿意付钱，业务就这样越做越大。当然，张邦鑫创业的过程并不会像我描述的如此粗线条，但大体顺序如此。他的创业基本上是紧盯用户的需求，而不是混圈子，经营所谓人脉。我从来没有在哪个高峰论坛或者什么沙龙里看到他的身影；公开活动很难请他出来，他有自己的定力。

张邦鑫出生在一个小山村，大学毕业就创业了，应该说没有什么人脉，就是这样一个普通创业者，把在线教育这样的一个创业做到了 200 多亿美金的市值。我相信，以他在教育培训业取得的成就，他今天的人脉应该是不会缺的。张邦鑫这样的创业，其实是创业者最好的姿势，那就是深埋下自己的头，紧盯用户和产品。

以上几点总结不是字面上的，也不是一般意义上认知的提升，其中的每一条都是我在创业受挫中，花了时间精力和真金白银换来的，这个过程是十年的时间和心血。令人欣慰的是，这些教训在我们今天服务创业者的产品开发中作为案例用上了。它让我在设置培训创业者的课程框架时，不会纸上谈兵，而是带着体温，因为在每一个模块设计时，我都会将其放到创业的现实环境和我犯的错误中再三打量。这样看来，我创业十年累积的错误也就成了现在可以培育创业服务产品的肥料。

8. 创始人必学的业务知识

如果可以用创业的方法提高企业做大做强的概率，提升中小微企业的核心竞争力，它的意义当然是不言自喻的。在三千万中小微企业中，每十万家企业中只有不到五家企业走上了一个可复制、可迭代、可升级的成功之路，绝大部分要么处在死亡边缘，要么是不死不活的状态。

但是，怎样才能让创业三年五年的企业降低死亡率呢？每一位创业者都需要用撞南墙的方法完成对创业的认知吗？在创业这样一个具有高度不确定性的事件中，有没有一些基本的、确定性的东西可以预先告知，或者有没有可以防范低级错误的可能呢？

既然商学院可以对商业运营进行规律化的总结，可以为市场经济的发展输送大批的专门人才，那么，创业的方法和规律虽不可能培养出企业家本身，但可以将一些看似不确定的因素变得相对确定，其中有些方法和规律当然可以进行总结。

创业十年来，我最深的感受是，创业者所犯的很多错误其实是常识性的，是完全可以通过认知就可以避免的。我看到过太多的创始人为了企业的生存发展，四处学习，各处取经，因时间精力有限，无数创始人疲于奔命，但结果总是不太如人所愿。

我一直在想，每一位职业经理人和商业从业者都会有自己的看家本领和专业领域，那么创始人是否也应该有？答案一定是肯定的。因为任何职业都有其边界，都有其独门绝技，那么，创始人的独门绝技又是什么呢？如果厘清了这个边界，其实关于创始人培训的课程框架就可以研发出来，可以在此框架下更新迭代，打造一个可以无限接近涵盖各类创业形态的基础性的通用课程。

创业的历史在中国其实只有四十年，而世界上的商业经验和创业智慧已累积了几百年，其积累商业和创业智慧的过程完全可以被借鉴。另外，我发现有太多的人并不适合创业却仍在那里苦苦挣扎。

我从来不认为一个没有创业念想，也没有走上创业路的人通过培训可以变为创业者，这个前提显然是错误的，这也是很多人反对企业家培训的出发点。因为靠培训是不能产生企业家的，企业家也无法像任何岗位的人员一样可以靠类似技能培训的方法来产生。

但是，已经迈上创业路的创业者是可以通过创业的系统性学习获得成长的，不过有前提，接受培训的创业人群得有自身的特质。而这不是靠培训实现的，它们分别是：创始人胆大敢赌的性格、没有退路的生活状况、有捕捉商机的能力。如果能针对具有这三种特质和能力的创始人进行培训和孵化，其成功概率要大很多。

回想我初次创业时的一路颠沛流离，我痛感没有一个针对初次创业或者创业前期的学习平台，没有人把创业中那些明显可以避免的错误告诉我们，没有一款产品可以告诉创业者，作为一个创始人，你该学的看家本领到底是什么。有一些创业者很幸运，他们在融资后，一些有经验的投资机构担当了这样的角色。但这样的公司少之又少，更多的创业项目得不到投资机构的垂青，他们只好一次次用线性的时间重复着低级的完全可以避免的错误。

市面上培训企业家的机构很多，但是针对初期创始人的培训少之又少，如果有，也是请有名的大企业家站台式的励志讲演，这种讲演除了泛泛的启蒙，其实在创业企业的初期起不了太大的作用。创业者在听的时候激动万分，走出会场面对企业的问题仍然束手无策。更多初创企业的创始人像一个被遗忘的群落，在经济大潮中自生自灭，自我挣扎。我自己走过了这段黑路才知道有多么残酷，那一群创始人有多么无助。

其实在我十年的创业中，我从开始就采访了大量的企业家们，优米上也开出了许多创业的课。开始，我们也是请成功企业家来讲。成功企业家的讲课除了可以拓展我们的认知，并无太大的针对性，每一个人讲的都很有道理，每一个成功都是那么能自圆其说，但是，落到自己的创业，所有的问题仍然还是问题。这是因为，初创企业并不是大企业的翻版，而且，初创企业学习大企业其实结果会适得其反，初创企业有它自己独特的生长规律。

我也发现，即使能把一个有创业基本素质的人培养成为一个企业家，也并不能保证让你不犯错误。但接受创业培训的作用在于，一是让你少犯错误，二是在你犯了错误之后很快能意识到错在哪里，而不是一条道走到黑，一直撞到南墙。而早一天发现错误及时调整，不仅能有效地节省成本进行新的探索，而且还有可能把公司救活，在创业公司里有时生死就差那么一点点。

优米也邀请了大量具有实战经验的创业者来分享，这些案例性课程对我这几年在创业中做新的尝试、及时调整有很大的作用。正是这样一些学习，让我在犯每一个错误时，快速意识到了问题所在，可以快速调整。从某种意义上说，这些调整也救了优米的命。

在我所接触到的人群中，创始人是最爱学习的一群人。他们学国学、学佛学、学军事、学历史、学毛选、学成功企业；他们游学、参悟、闭关；他们自己学，或是成群结队地学，花费了大量时间。但要命的问题是，作为创始人，他的时间其实是创业公司的稀缺资源。所以，我一直希望弄清楚，一个创始人必修的功课到底是哪些。

一个公司创始人的格局就是公司的格局，创始人的价值观基本上变成了公司的价值观，创始人既是每一个创业公司发展的永动机，也是创业公司发展的瓶颈。为创始人服务提供系统的课程框架很难，它其实是要找到建立一个创业大厦的基础性要素。一个创始人如果要想建一座大厦而并不知晓建这座大厦需要什么，那么，就算建起来，他也是瞎蒙出来的，下一栋还是不会建。这个认知的建立就是创始人培训的必修课，在这个必修课完成之前，那些看似有用实则不着边际的泛泛而学是没有必要的。

2018 年，优米开发一款培训创始人的产品时，我们跟所有的总裁班或者企业大学一样遇到了课程框架性设计的难题。

我们打磨出了建立创业大厦的五道承重墙和创始人决策的六个模块。第一个模块：创业的大方向和具体赛道的确定；第二个模块：产品 / 运营系统 / 销售；第三个模块：核心团队 / 组织打造；第四个模块：KPI/ 考核 / 激励；第五个模块：融资和资本；第六个模块：创始人决策的六个维度。

在我打磨这六个模块的过程中，我紧紧依靠的不仅是自身的创业经历，还有大量创业者的案例，我也希望弄明白那些成功公司的创业大厦到底是怎样建立起来的。

在中国，恐怕最有影响力的公司非阿里巴巴莫属，因其创业的传

2019 年 6 月底《赢在中国 · 创始人特训营》第三届开营仪式在联席营长卫哲的办公室举行

2019 年 2 月歌手、投资人胡海泉来优米谈创业

奇，无数创业者都在默默学马云学阿里。据说在高峰时，社会各界到阿里参观的人数每年达上亿人次。所以，我想用阿里巴巴这个企业的案例来分析。

2015 年，我接待了湖畔大学初创团队两次，在优米的办公室我有幸为即将建立的湖畔大学课程贡献了一些有限的小建议。当时我非常投入，因为我认为马云此举是一个极有价值的创造，甚至认为，就对中国创业智慧传承而言，湖畔大学的价值一点都不逊于阿里巴巴，因为我痛感中国需要一个业已成功的企业家来培养更多的企业家，这对优化中国企业家的质量将会起到不可估量的作用。认识到这个独特的意义，在给湖畔大学初创团队出主意时，我本人也报名成了湖畔一期的学员。

在接下来两三年的上课时间里，来自阿里巴巴内部的人员，如马云、曾鸣、彭蕾、张勇、蔡崇信、王坚、陆兆禧、邵晓峰等一系列阿里核心团队成员的口头分享极其珍贵。此前我对阿里的了解更多地来自马云这个角度和在阿里内部工作的朋友们，还有关于阿里以及马云个人的几十本书和影像资料。但与这些创业核心团队近距离交流的过程中，他们有很多地方还是刷新了我对阿里巴巴这座宏伟大厦的认知，我获得了更加详实的材料。在他们的分享中，我通过他们的身体语言、语气以及各种花絮，相对容易地进入了阿里昔日的创业氛围。

相对于其他公司，我对阿里巴巴这家公司掌握的资料是最多的。除了原来在央视做《赢在中国》时熟悉马云关于做企业的种种观点以外，2014 年为了写《穿布鞋的马云》这本书，我还收集了他在海内外的所有讲演和影像资料。阿里核心团队成员面对面长时间的分享极

湖畔大学

大地帮助了我，其中，曾鸣教授三次战略课以及对相关问题的回答最有价值。出于学者实事求是的本性，曾教授对阿里战略化繁就简的回顾，对某些重要战略决策栩栩如生的描述，极大地还原了阿里创业的历史事实。

还有一本书对阿里巴巴最初的创业样貌进行了较为详实的描写。这位财经记者本着传统媒体人的优秀品质，先后采访了几十位当事人，将阿里巴巴最艰难的岁月进行了点对点的还原，从书中我们能看到阿里传奇在出生之初危机连连的原样。

若对阿里巴巴的成功纲要性地加以总结，我想列出这么几条。

第一条是马云真正抓住了时代带来的红利。这个时代红利对于阿里来说绝对不是个词汇，而是真正的商机。成立于 1999 年的阿里巴巴，在两年后迎来了中国加入 WTO。中国与世界发生的这个重要关系带来了中国出以口为导向的制造业近二十年的兴盛，利用中国当时低廉的劳动力成本、土地成本，出口外贸成为中国珠江三角洲和长江三角洲经济发展的巨大推力。马云判断在中国“入世”后，前五年会以出口为主，所以，将中国制造厂家的东西卖给国外，做一家 B2B 获客运营商成为了早期阿里抓住的最大商机。特别是后来外经贸部颁布的《关于进出口经营资格管理的有关规定》，让企业有自主经营进出口业务的权利，这样阿里巴巴的业务就更具有刚需性质了。

做这样的外贸生意的商家并不只有阿里巴巴，而且还有比阿里巴巴做得更专业的环球资源等公司。外在大环境对于同样业务的公司来说其实都是一样的，那么，阿里的特殊性在哪里呢？到底是什么原因让阿里的 B2B 业务崛起的呢？是产品、团队、资本和组织打造这四大核心因素。

1999 年公司成立到 2000 年国庆节，这个成立不到两年的公司实际上还不知道卖什么，当时的产品五花八门。阿里巴巴尝试过横幅广告、酒店预订、主机托管、贸易通、会员收费、电子商务解决方案（实质上是建网站）等收费产品，并没有一个产品在市场上的表现特别突出。公司挑了三款产品作为主打，其中就有诞生不久的中国供应商。如果没有后面对于中国供应商的聚焦，上面所述的各种五花八门的产品，都难成气候。从今天的结果来看，上述产品中绝大多数产品都不可能做出 B2B 以及淘宝 C2C 的规模和收入。电商的需求与社交和信息搜索这两大需求同属高频刚需，所以，从电商产品的选择那一刻起，阿里就具备了掘取互联网最大金矿的可能，正式进入了今天我

创业早期，马云在办公室开会

们看来最好的创业赛道。

产品的聚焦，让阿里这个在成立一年半时曾经差点破产的公司站稳了脚跟。

这个产品就是阿里巴巴新生命的一粒种子。对于一个新创企业来说，用户的需求才是最重要的业务基石，这是一切开始的核心，在这些基础之上所做的客户分析是创业的必经之地。在所有的创业分享中，很多人都略过了这一点，但这个恰恰是最为重要的。

每一个企业都是一个生命体，而创业者需要找到孕育企业生命力的种子，每一粒种子必须有不断生长的力量，这个生长的核心要素就是阳光和土壤。种子代表着需求的满足，土壤则代表着需求生存的扎根点，而阳光代表着创业的外在环境。通常，外在环境对所有的创业者基本无差别，即便外在环境再好，种子质量不高，需求的扎根点选得不正确，企业这粒种子仍然难以成活。

产品的聚焦并不能让阿里写出不同凡响的篇章，最最不同凡响的是阿里为这个产品所搭建的团队。阿里的核心团队在中国创业团队中是顶级配置，马云的“十八罗汉”严格来说在前几年并未发挥核心作用，他们更多的是在各处历练。从 1999 年到 2005 年发挥作用的是阿里初创时真正国际级的团队，这就是创始人马云、背靠大投资机构的 CFO 蔡崇信、在通用电器这样的世界 500 强工作了二十年的 COO 关明生和极有销售实战经验的副总李琪。即便今天放在二十年互联网创业历史中来看，这个创业班子的强大基本无团队出其右，团队才是阿里的制胜法宝。

其时，马云除探索产品聚焦和营销外，还找到了诸如复购率、销售业绩在上一个月的基础上提成等关键考核点。与此同时，蔡崇信找钱，李琪主抓销售业绩，关明生结合通用电气的经验和阿里的业务实践打造“六脉神剑”，并以此将各地来的销售人员打造成销售的正规军。一个企业在当时就有愿景、使命、价值观，这在当时中国企业中极为少见。

随着人员特别是销售人员的增多，阿里巴巴在组织打造上也独辟蹊径。它对销售人员的培训，对价值观的坚守，对关键指标的考核，对人员的晋升和淘汰的整套组织打造的方法可谓炉火纯青，这套打造组织的方法在阿里其他业务中也不断地沉淀为企业的核心竞争力。

阿里巴巴早期创始团队，中间是马云，左一是陆兆禧，右一是彭蕾

如果说在阿里传奇上需要写下重重一笔的话，那就是马云和他的投资人共同决策的淘宝 C2C 业务的开启。这种准确定位创业大方向和赛道的功力，对于一个只带着一腔热情闯进创业这条路的创始人来说，平均要用五到七年的时间来获得。而回看阿里巴巴的历史，即便是马云本人也用了近十年的时间才找到电子商务这条可以规模化的赛道。

马云 1992 年开始的关于翻译社和鲜花礼品店的创业进行了三年。1995 年，他创办的中国黄页也因国企收购后对公司的控制而让他无法进行任何业务的开展。1997 年，他到外经贸部下面的电子商务中心发展，在随后的两年中，关于服务大企业还是小企业的争论也无法调和。即便到了 1999 年回杭州创业，他还是只知道电子商务这个大方向，但是小赛道从哪里开始切入呢？对于在创业路上跌跌撞撞了七年的马云来说，其实仍然是个难题。1999 年春天回杭州在湖畔花园创业后，他激情四射的讲演仍然无法打动跟着他的“十八罗汉”。那个在湖畔客厅中的讲演激情和愿力有余，与之相对的脚下的路仍然不明，“十八罗汉”一脸的茫然显而易见。因为做什么卖什么，这个决定了创业所在行业和赛道的东西依然模糊，这种茫然加上创业之初拿到钱后向世界几个大城市的扩张，让阿里巴巴进入了最危险的境地。创业一年半以后，阿里巴巴在紧急状态下讨论要走向何方，实则危机的根本是在几十款产品中到底卖什么的选择，最后挑选了三款产品，其中就包括中国供应商这款让阿里起死回生的产品。也就是说，就马云本人而言，他为了找到一个正确的创业方向和赛道，从 1992 年开始到 2001 年一共花了近十年的时间。

而第二次开启的 C2C 的创业只花了一年多的时间来酝酿，除了马云自己的领悟外，投资人孙正义的及时探讨也起到了极为关键的作用。C2C 是一个典型的平台型商业模式，也是互联网最显威力的模式。平台模式常见的有 B2B 模式、B2C 模式、S2B2C 模式，即便同是平台，它们的特点和业务重点也有着本质的区别，这些规律性的总结决定了业务中间最需要关键决策的精要之点。比如在电商中，阿里巴巴的 B2B 平台和后来的淘宝平台看起来都是平台型企业。但是，淘宝这个平台却发生了质的飞跃，B2B 的平台并没有实现线上商业闭环。它的收费要靠线下销售团队完成，阿里巴巴的 B2B 网站也只是进行了一个简单的信息对接，两个 B 之间的交易并没有在这个平台上产生。阿里巴巴只收了中国商家的会员费，主要解决的是让国外的商家能找到他们，也就是中国中小商家的一个营销需求。而淘宝则率先实现了商家与买家之间的交易闭环，从小商家支付的搜索广告，到交易费的收取，以及支付宝解决信用问题时沉淀的资金，在 B2B 的信息对接的基础上淘宝的商业模式发生了本质性的升级。这相对于原来的 B2B 平台来说是一个革命性的突破，阿里巴巴今天 4000 亿美金的市值就是这个平台打下的基础。所以说，平台与平台相比也有差别，商业模式这个商业中重量级的特性一定要成为企业家的考量维度。

平台发轫于一批社会角落的买方和卖方的需求并没有被满足的市场，这些买方和卖方在社会边缘地带顽强地生存着，在某一个平台诞生之前，这群人找不到任何一个去处让他们的生存手段得以延展。一个平台的起点，一定是一群人的生存必需品，而不是某个市场可有可无的补充，他们要么处于社会底层，要么其生活方式并不被认可，总而言之是非主流市场、非主流人群。

在非主流人群中寻找需求的着床点是平台型企业最佳的生长点，创业团队最好也是草根阶层。这样，创业团队从社会非主流向社会主流的流动，与用户的选择和希望相结合，这两个人群的生存发展的动力才可高度重合，这个重合其实就是一个平台生命力再造的前提和基础性条件。

在创业项目的选择上，其实并无高下之分。高端客户与低端客户并不决定商业的高级低级，只有需求是否被满足之分，而真正创业的沃土恰恰是那些并没有被社会注意的需求。

边缘的突破，边缘向中心的迸发，是社会变化中社会上升通道的动力所在，是社会的活力所在。中国改革开放中出现的一批又一批企业家们，在开始创业时绝大多数处在社会非主流之中，地位处于劣势。他们分散在中国广袤无际的大地，像一棵棵野草，顽强地生长。

2013年“双十一”晚上十二点整，阿里巴巴园区的灯光

2013年“双十一”晚上十二点整，阿里巴巴园区的庆祝焰火

植物生长的生命状态和外在形状被太阳光照所塑造，而在一个社会中，这些创业者向着社会主流进发，拼命希望得到社会的认可也如同植物的向光性。所以，当互联网技术带来了平台型商业模式这个强大的武器后，这种模式在调动社会资源和日后的业务增长上势不可当，与传统产业不可同日而语。

曾经有一大批倒下的O2O平台，从中我们看到，梦幻团队加上强大的资本力量，将供求双方带到平台上时，那些轰轰烈烈而来的业务竟然都以惨败而告终。这到底是为什么呢？

因为公司是一个生命，而其生命力的强弱在于供需双方是不是起源于社会最边缘，他们的需求是否在社会的滚滚洪流中被忽视，运营这个平台的人是不是一个足够的草根群，是否足够有动力从社会底层通过平台的激活跃向社会上层。当用户和平台的运营团队这两拨处

2013 年阿里巴巴“双十一”之夜，前排左一是马云，坐在他身边的是陆兆禧

于社会底层的力量高度重合时，这个平台爆发的原动力将是无比强大的，这个力量就是平台的生命力，它的背后就是社会阶层的流动。

创业方向的选择对于每一位创业者来说都是最最难过的关，过了这一关，其他的要容易许多。从与 EBAY 开战直至胜利，支付宝单独成立公司以及围绕淘宝核心业务进行的物流平台和云计算的打造，马云通过这些布局让阿里今天的履带式战略与时代需求一轮轮同步。我们看到，后面的所有节点让马云这个天马行空的创始人越来越优秀，越来越有舵手的感觉。

阿里的创业历程长达二十年，每一年都很重要，每一场战役都很关键，哪怕每一个大合同的细部条款的把关都很致命。阿里的“十八罗汉”中不少人在业务水准提升后，再加上对阿里业务的熟悉和对公司的责任感，逐渐成为了一方业务的守护神。人、团队、组织，的确

2013 年杭州黄龙体育场马云的退休之夜，我在现场拍摄的照片，马云的左边是柳传志，右边是接班的陆兆禧。

是阿里这家公司最大的财富。

从《赢在中国》中的创业点评到 2015 年创办的湖畔大学，我近距离地观察和聆听了马云关于太多创业项目的分析。特别是每年湖畔大学开学的第一课都是他主讲，而且一讲就是三个小时左右。这个大课我从 2015 年到 2019 年全部都听过，只有一次因不能到现场，最后我通过视频补看了。老实说，他每年讲的第一课在基本内容和结构上并没有不同，只是每年的心境和案例有些小的变化。这三个小时的课其实就是对他二十多年创业的一个总结，也可以看做是他驾驭企业的几大支柱和运用手段。

他讲的内容其实是经营企业的六大要素，马云概括为上三路和下三路。上三路指的是愿景、使命、价值观，下三路指的是战略、人和

马云在湖畔大学讲课

组织。这六点是他本人对于一个企业家如何驾驭企业的高度提炼，他本人在运用这六大要素时炉火纯青的程度，让太多的创始人充满着由衷的敬佩和羡慕，对于一个已经在纽交所达到 4000 多亿美金市值的公司创始人来说也十分自洽。

但是，这六大要素是站在二十多年创业后的结果总结。如果脱离了阿里巴巴创业历程中的时间这条线，即便我们把这几点还原到阿里巴巴的创业历史进程中去，对阿里创业前七八年的运营来说也很难奏效。

所以，这个上三路和下三路离创业公司其实很遥远。它更多的是对阿里巴巴和马云本人创业二十多年的一个历史性总结，严格来说，是一个成熟的以商业模式创新为推动力的互联网平台型公司的打法。

如果让创业几年或者十年左右的创始人来直接消化这个结果，其实难度很大。

那么，作为一个创业者到底需要向阿里学习什么呢？在我看来，最需要向阿里巴巴学习的是下面几条。

第一，高配CFO，先找钱再进行赛道上产品的探索。纵观马云二十多年创业的历史，其中有两个点应该是上天给他开了恩，带给了他好运气。这两个点无法靠努力取得，也不能用任何逻辑和推理获得。

一个是1995年马云因为英语流利，受杭州市政府之托到美国西雅图去追债。正是在那里，他的学生让他在一台计算机里输入了“啤酒”两个字，结果显示了世界各地的啤酒，唯独没有中国的。回国后，他着了魔般地要做电子商务。1995年用过互联网的中国人很有可能都不到一千人，而且多半是中科院物理所的科研人员，而马云正是这极少数人中间的一个。如果他没有亲自体验到互联网的威力，我们很难想象他选择的创业赛道会是后来的电子商务。这虽是一个偶然，但这个偶然却是阿里巴巴做电子商务之前在马云心里种下的一粒种子。

还有另外一个偶然也奠定了阿里巴巴成功的重要因素，这就是蔡崇信的到来。

无论什么样的理由，我们都很难将这个耶鲁大学商学院的毕业生，在一家国际投资机构任职的蔡崇信，与在湖畔花园居民楼一个两室一厅客厅里十几个人组成的创业团队联系起来。二十年前，“十八罗汉”在马云家中上班，门口摆放着他们的鞋子，多次被人误认为门内一定有一些坏人在进行不法行为，经常被居委会敲门询问，据说直到马云将以前与外经贸部的一位领导的合影放在门口，才不至于让人怀疑和骚扰。就是这样一个创业团队竟然吸引了蔡崇信，不可思议的是，没有人介绍和推荐，也不是马云去挖的，而是自动找上门来的。

蔡崇信 2018 年在湖畔大学分享

原由是在飞机上，蔡崇信在《经济学人》杂志的一个角落发现了阿里巴巴这家公司做的广告，这则广告让蔡崇信动了要了解这家公司的念头。随后他着了魔似的，主动要加入，而且还把他的夫人也带来见马云。最后蔡崇信每月拿着 500 元的工资为阿里巴巴四处找钱，在 2000 年 9 月 20 日，马云宣布阿里巴巴进入紧急状态之前是靠蔡崇信找高盛融来钱支撑的。马云在《赢在中国》节目中曾经在讲资本的专业性时夸过蔡崇信，他与蔡崇信去跟孙正义谈判时，每次他想同意融资条件，蔡崇信总是抢先一步在他之前对孙正义说“NO”，事后马云才知道这个 NO 说得是多么及时。没有融资的支撑，阿里巴巴能不能熬到中国供应商的到来都很难说，至少，阿里巴巴的故事应该不会是今天的这个版本。

马云曾说，他做决策时一定要听听两个人的意见，一个是蔡崇信，一个是曾鸣教授。他说，蔡崇信认为不能做的，他应该试试；而曾鸣认为不可以做的，马云会选择试试看。从这番话可以看出，这两个人的思维方式成为了马云作出重大战略决策过程中那个能摸着过河的石头，而大多创始人在决策过程中一般都找不到这样的石头。

第二，花大力气找到方向和赛道。弄清同行售卖的产品，然后列出这个方向自己公司售卖的产品，在市场检验中进行聚焦。阿里巴巴 B2B 的成功得益于中国供应商和诚信通，这两个产品，让 B2B 成为了可以为小弟淘宝发展生产现金的奶牛，也为阿里巴巴第一个上市公司的成功奠定了基础。

第三，找到与创始人能力互补、价值观一致的核心团队。正是核心团队的得力干将把公司带向了系统化和正规化。阿里巴巴 B2B 业务的成功有三个人功不可没，第一位就是马云曾经在中国黄页创业阶段共事的李琪，他没有跟着马云去北京，也没有在阿里巴巴成立之际加入，他当时担任一家名为伟业网络信息技术公司的 CEO。马云在 2000 年对这家公司进行了收购，这是阿里的第一个收购项目。李琪以公司技术副总的身份加入了阿里巴巴，而且这笔收购还带来了日后在中国供应商销售战场上屡建奇功的俞朝翎、雷雁群、方永新以及在马云 2013 年从 CEO 职务退休时交棒的陆兆禧。

李琪在 2000 年接手的销售队伍只有十个人左右，团队既小又无规范。随后，仍然是这位李琪找来了曾经在环球资源做了十多年销售的李旭辉，李旭辉在“中供系”从“农民军”到“正规军”的过程中发挥了最大的作用。

第二位是关明生。关明生是马云亲自面试的，马云看到这位通用电气的中国负责人跟他不拘一格的行事风格完全不同，关明生桌上的铅笔摆放整整齐齐、一丝不苟，但是他们的能力正好互补。关明生到来后，不仅下狠手裁员，收缩了战线，马云难以面对的，他都可以游刃有余地面对。不仅如此，他最重大的贡献是将通用电气的一套管理方法带进了成立只有两年的阿里巴巴。正是他花了几个月时间将核心理念进行了总结，“让天下没有难做的生意”这一使命就是这时出现的，八十年持续发展的企业规划和“独孤九剑”都是在他主导下完成的，这是打造商业组织的根本。自此，阿里打造组织的基础有了，后面打造组织的方法只是在此基础上的升级。

第三位是卫哲。他的到来完全是将一把锋利的刀用对了时候，尽管后来阿里对他的业绩导向和数字导向有不同的看法，尽管最后他因“黑名单”事件引咎辞职，但是他作为 B2B 业务的 CEO，对阿里的贡献是有目共睹的。2007 年，阿里巴巴 B2B 公司的净利润同比大幅增长 409%，销售费用降了 14%，卫哲系统化的管理能力，让人员效率最大化的能力用到了上市之前。因为当时利润的每一分钱在资本市场换来的就是几十倍，而且他此前的从业经历正好是做投行出身，带领阿里巴巴上市这件事情真正用到了他的长处。2007 年 11 月，在金融风暴来临前的两个月，阿里在香港上市，融得 16.9 亿美元，这些钱的一部分对日后淘宝的发展起到了极其重要的作用。

这三位做的时间都不是很长，最长的是李琪，他于 2007 年底离开，一共八年。关明生来的时间更短，只有三年，但他对阿里日后最重要的护城河也就是组织的打造起到了奠基石的作用。在 2001 年，

阿里巴巴 B2B 业务前 CEO 卫哲

鲜有公司懂得打造商业组织的愿景、使命、价值观。而在卫哲任内的五年中，B2B 业务的上市对阿里日后的腾飞起到决定性的作用。B2B 上市之后虽然前路坎坷，但是阿里这棵树已经枝繁叶茂、根深蒂固，它可以迎接暴风雨了。

这三位都是马云找来的。其中，找卫哲的时间经历了五六年，马云跟他多次长谈，这种找人的劲头和韧劲也实属罕见。

第四，业务目标清晰设定。阿里在 2001 年聚焦中国供应商后的第二年，马云就带着金建杭找到当时在长江商学院讲战略课的教授曾鸣，说他们公司在这一年的目标是要赚一块钱。这一块钱目标的设定在当时具有极其重要的意义，因为当时的互联网公司基本上都在烧钱，而阿里提出要挣一块钱这个目标，显然是战略上要让公司有盈利能力，而不是继续亏损。而且，一块钱的目标对于公司的每一位员工来说具体可感。

CEO 设定一个最形象可感的目标后，又设定业务关键性指标。马云看似天马行空，但是他在公司每年业务目标的设定上会殚精竭虑，那些业务考核的关键性指标他也会一并考虑。比如 B2B 业务的销售人员的提成比例成为下个月的提成基础，这个绝妙创意让每一位销售人员再也不敢懈怠，永远只能奔跑。

第五，用几个支柱打造组织。阿里巴巴这家公司最值得称道和最为独特之处，就是它打造组织的做法。很多人都没有注意到，前几年阿里的销售并没有进行文化价值观的考核，而用的是负责人的罚款制；前期文化价值观的考核只针对 VP 级，而后期也就是五六年后，才进行了对员工价值观的考核。打造组织是一整套系统性的制度设计和行业量化手段，这些手段都需要根据自身业务的特点来结合使用，而不是照搬阿里巴巴打造组织的方法。

以上五点，其实是阿里巴巴能够崛起的支柱性要素，在很多公司会变成六点，因为方向和产品在阿里巴巴这里合二为一了。电子商务的发展方向是马云一直握着没放的，也是他对互联网在中国发展的一个判断。

第六，对于阿里巴巴来说极其重要的是，马云在 2000 年危机中，将总部从上海搬回杭州，选择了浙江省这样一个民营企业活跃的地区，并与家乡领导通力合作，让电子商务这个原本要打破一些既定政策和法律规定的产业得以生存。地方政府的理解支持和保护，让阿里巴巴平台上的商户得以在税收和工商管理等方面享有优势，这的确是电子商务这个品种在中国大力发展的极为重要的因素，若没有地方政府的支持力度，是很难想象结果的。当然，阿里巴巴的发展给杭州和浙江省的发展注入了极大的活力，但这都是后话。还原到创业的历史进程中，在一个创业企业艰难突围时，能给这个企业实质性帮助的政府和领导并不多见，这是阿里巴巴的幸运。

除了这六点，马云在领导企业过程中对于火候的把握，人性的精通，审时度势的能力，对行业的了解，对平台型商业模式认知的深透，不拘一格的学习悟道方式，都让他驾驭企业的能力不断增强。阿里巴巴一直在寻找合适的 CEO，其实到后来，阿里巴巴高层管理人员意识到，马云本人就是那个最合适的人选。

这几点，可以说是一家创业处在前十年左右的公司所需要具备的结构性条件。之所以用“结构性”这个词，就是因为它足够刚性，起着不可替代的支撑作用。

这几点总结完后，我发现与我开发的《赢在中国 · CEO 特训营》的六个模块基本一致。说老实话，我开发那六个模块所摸着的石头有两块，一个是我本人创业过程中所犯错误，一个是我了解的成千上万个创业案例。在这两个基础之上，我希望开发出一套能针对创始人学习的带有共性特征的课程框架，但我开发的过程并没有将阿里巴巴创业的案例列入其中。我一直认为阿里的创业十分独特，直至我上湖畔大学，由阿里巴巴的合伙人来分享许多关键信息之后，我发现有些企业家并没有获得他们学习想要的结果时，才详细了解和分析阿里巴巴前十年的创业历程。我发现，让阿里巴巴这家公司可持续发展的结构性因素就是上述几点。

2013 年我在杭州拍摄的马云打太极

今天我们关于创业的总结，方法和规律的分析都是站在创业结果这个时间节点上进行的。这些总结因所面对的对象规模不同，其颗粒度也完全不一样，无论创业的大规律还是行业的小方法，这些总结和认知都非常重要。但是，当我们把它们还原到现实创业的实景时，那些看似正确的方法和规律在现实中都很难融进去，因为这其中有一个最要命的东西，那就是线性的时间。那些正确的方法和规律与时间一结合就面目全非，创业者就会不知所措。因为，所有的方法和规律都与规模相关，而方法和规律的总结基本上都忽略了这个最重要的因素，这就是为什么《赢在中国·CEO 特训营》的第六个模块要有决策的六个维度。

如果在必修课的基础上，经过时间的打磨和化合，创业者可能会逐渐找到自己对业务的驾驭能力，而且还会伴随一些驾驭企业的直觉。通过那些直觉极有可能完成对一件重大事件最核心的判断，这就是瞬间见本质的能力，这种能力我是在那些最优秀的创业者身上发现的，是经年累月在企业实践的前沿历练的结果，是商战的刀山火海中拼杀体验的升华。但在初始企业的创始人身上，这种本领还是难得一见，他们更需要的是了解把创业大厦建起来的要件和过程。

创始人的必修课，这个是带有共性的基本规律和方法，也是创业者想要把创业大厦建成所必须了解的核心知识。除此之外，还有一些是创始人的选修课，也就是我们常常说的他山之石。那是一些能够给予创业者启发和灵感的人和事，它涉及的面极其广泛，不分行业不分领域，可以说上天入地无所不涉。但是，这个见世面的学习过程是辅修课。主修课是作为一个创始人必须掌握的六大模块，辅修课则是锦上添花，主次绝不能颠倒。

我们看到一些培训机构，针对创业者的培训大量涉及国学、佛学等他山之石方面的知识，这的确是本末倒置。并不是说这些不重要，而是说关于需求关于融资关于组织等这样的知识，才是创业者必须掌握的看家本领。看家本领有了之后，再在行业里学习相关的经验，再从他山之石寻找灵感，这样的学习才是一个完整的有次序的学习。

尾声 coda

创业，草根阶层的万里长征

“每个时代都要编写它自己的历史，不是因为早先的历史编写得不对，而是因为每个时代都会面对新的问题，产生新的疑问，探求新的答案。这在变化节奏成指数级增长的今天是不言自明的，因此我们需要一部提出新的疑问并给出新答案的新历史。”这段话是我非常佩服的历史学家斯塔夫里阿诺斯在《全球通史》“致读者”中所说的，对此观点，我深表同意。

下面我想对中国近代历史中企业出现的历史进程进行回顾，对每一代创业者所面临的时代难题进行对比，从而让我们看清中国当代创业者的全貌和历史定位。如果说，本书中我对自己创业十年的剖析是一个切割的横断面和活生生的案例，那么，中国历史上出现的所有创业者的状态就是历史的纵深，横向和纵向正像一个地点位置的经纬度。

1602 年，也就是四百多年前，荷属东印度公司颁发了世界上第一张股权书。这就是现代意义上公司的诞生，这首先使得陌生人之间的合作成为可能。

英国 1862 年《公司法》规定：七个人就可以注册，承担有限责任。接着，我们看到，公司三大最主要特征突显出来，它们分别是有限责任、投资权益的自由转让、公司的法人地位。这样的框架性的基础设计让公司不仅成为国家的利器，也成为驾驭公司的人实现价值的重要舞台，公司治理也让政府的管理在理念、方法和工具上都可以有所借鉴。

公司在中国的诞生源于军事需要，或者说统治者政权的危机。清朝末年，由于李鸿章在平乱太平军中感到了洋人“炮火绝妙精历”，痛感武器装备的重要性，恰好清军当时力量孱弱，为了迅速加强军队的战斗力，特别创办了江南制造局。

制造局最高领导人是李鸿章、曾国藩、左宗棠、张之洞、容闳这批有识之士。出于强兵这个迫在眉睫的考虑，江南制造局揭开了中国工业革命的序幕，这些人也就成为了中国历史上第一代企业家，只不过官的味道更重，其目的不是为商，而是为政权的稳定。

这批身兼朝廷官员和商业机构领头人的官商们，他们的痛苦一方面是要面对朝廷官员几千年来陈腐的观念，要不断地进行一些费时费力的启蒙。当时的环境是一大批官员不知世界之变局，仍然沉浸在章句小楷之中。另一方面是要面临制造业人才令人触目惊心的匮乏，选拔人才成为难中之难，因为无才可选可用。当时江南制造局因没有一个懂得兵器制造的专业人士，土法上马，生产中发生爆炸并出现死伤。人才之痛，这正是李鸿章决意送三十名幼童留学美国和三十名制造业的专业人才去法国和英国的核心动因。

除此之外，他们还不得不面临朝廷官员的腐败之痛。李鸿章们在买外国装备来搞中国国防时，因为采购官员大吃回扣，武器质量也随之打折扣。古时中国商人给官员回扣天经地义，洋商与中国官员打过几回交道，也入乡随俗了。

除此之外，这批官商们所面临最深的难题还在下面这点。

大清北洋水师正式成立时，各国都感到惧怕，但对中国研究深透的日本汉学家副岛种臣有不同的说法。他说："都说中国海军可怕，我看不然。中国往往有可行之法，而绝无行法之人，有绝妙之言，而绝无践言之事。中法海战一败涂地，他们就感觉很没面子，又设海军衙门，又学西方办法，等有了一点样子，他们就会觉得大功告成不再努力了，中国人贪慕虚名，何曾注重过实效。"

数年过后，这个判断的谜底揭晓，中国北洋水师的惨败印证了这位汉学家对中国深透的分析。

国人的虚浮让这批官商精神上倍感痛苦，这才是他们最最艰难之处。积弱贫病的清朝土地上进行了局部粗陋的工业化之后，西方列强仍然耀武扬威。李鸿章北洋水师的军费被慈禧太后修颐和园占用，他不得不在夹缝中求发展，左冲右突，一会儿怕得罪太后，一会儿忧愁日本海军对中国的威胁。他用一生的心血辅佐的清朝政府，眼看着摇摇欲坠时，其人生幻灭感可想而知。

辛亥革命推翻清朝统治，为民族资本主义的发展扫除了一些障碍；中华民国临时政府奖励发展实业，激发了民族资产阶级创立企业的热情，各种实业团体纷纷涌现，民族资本家迎来了一个短暂的春天。"一战"期间，欧洲列强暂时放松了对中国的经济侵略，对华商品输出和资本输出都有所减少，客观上为中国民族资本主义的发展提供了有利的外部条件。

1912 年—1919 年，新建厂矿企业 470 多家，投资近亿元，再加上扩建企业，新增资本达到 1.3 亿元，相当于辛亥革命前 50 年的投资总额；面粉业和纺织业发展最快，化工、皮革、卷烟等行业也有相当发展。

1927 年，南京国民政府成立。国民政府开展了“国民经济建设运动”，鼓励发展工业、农业和交通运输业。1927 年—1936 年，民族工业得到较快发展。这十年中，无论是原来较为发达的棉纺织业和面粉业，还是新兴工业部门，都有较大发展。随着民族工业的发展，国民生产总值也逐年增长。

这样的发展势头并没有延续，接着是全面抗战爆发。在沦陷区，来不及内迁的民族企业，或被日军所毁，或被日军吞并；在国统区，国民政府实行战时体制，强化对经济的全面控制，官僚阶层借此控制中国的经济命脉，压榨民族企业。抗战胜利后，官僚资本迅速膨胀，民族资本日益萎缩，民族工业陷入绝境，工厂、矿山、店铺纷纷倒闭。

1912 年清帝退位后，尽管战乱纷争不断，中国民营企业仍然发展了 410 家，一生参与创办 180 多个企事业项目的张謇成为当时民营企业家代表。民国期间，企业家们面临的最大难题首先是国家外在环境的混乱，军阀混战，南北东西争斗不止，黑社会猖獗，外国列强向中国多方特别是经济的渗透，国家四分五裂。好不容易熬到 1949 年中国基本统一，和平降临，但三年多后，就开始了公私合营，到 1956 年，民营企业消失绝迹。

二十多年，整个中国大地与市场经济无涉，与创业绝缘。

1979 年改革开放，由轮船招商局破土的深圳蛇口工业区中一批批中国市场化公司诞生。20 世纪 80 年代中国乡镇企业破土而出，134 万个乡镇企业共创造了 1222 亿元的产值，鲁冠球就是那一代企业家的代表。

就在乡镇企业蓬勃发展时，柳传志、任正非们踏上了创业的征途。1992 年邓小平“南方谈话”后，公司热潮诞生，中国房地产热开始，此后，房地产界的创业者涌现出中国最多的富豪。1994 年 7 月 1 日中国第一部《公司法》开始施行，尽管晚了西方一百多年，但它仍然具有重要意义，它至少在字面上消除了公司所有制之间的身份差异，在公司法面前，所有的公司一律平等。

在这个十多年历史进程中，所有的创业者都离不开与体制痛苦的周旋，这种状况在凌志军所写的《联想风云》中描述得最为精到。“在过去几十年里，我们的国家始终在新与旧的激烈冲突中挣扎着前进。如果你屈服于旧体制，你会被淹没其中；如果你公然反抗，你会体无完肤。联想的真正与众不同之处在于它掌握了与旧制度相处的方法，同时又以惊人的坚忍、耐心和技巧与制度中令人作呕的弊端周旋，一点一点地摆脱束缚，走向新世界。这个公司的历史告诉我们，什么是梦想，什么是现实，在梦想与现实之间创造伟业必须走过的那座桥梁又在什么地方。”

具体说来，这一时期的企业家处在体制之外野蛮生长，他们的社会地位仍然是非主流，历次对他们的定义都是国民经济的补充。他们的痛苦在于，资源全在政府手里，他们的业务无不与政府发生着千丝万缕的联系，他们在业务上要向体制要资源要审批，双轨制让他们不得不与政府纠缠。他们多半的精力和心力都用在了解决体制带来的掣肘上。除此之外，他们还有一痛，那就是他们的社会地位低下，社会各界对他们的心理认同比当时的科学家与老师以及解放军、国家干部都要低太多。与上述人群任何形式的相聚，都是他们心理备受折磨的时光，这种现象直到21世纪前十年都未能改变，聚餐的饭桌上只要有一个处长在，哪怕是如雷贯耳的老总都得让其三分。其他如人才的匮乏和经营理念的落后等与上述两大难题相比，基本不值一提。

1995年，互联网在世界兴起，1999年中国一批互联网公司诞生。2001年中国加入世界贸易组织，以出口为主的中国制造业取得长足的发展，再加上以前房地产的兴盛，这三大产业成为中国的支柱产业。它们自身的发展再加上对其相关产业的辐射半径，让它们共领风骚二十年。这期间，还有两个重大市场要素出现了。中国资本市场二级市场开始发育，一批公司在中国本土上市融资，让中国民营企业有了较强的融资手段。全球500强跨国公司向中国市场的迁移，让一个成熟的公司治理结构和管理良好的公司运作可以近距离呈现在中国企业家面前。

2000年，我曾是央视《对话》栏目首任制片人，这个栏目邀请了大批全球500强企业的CEO来中国与中国企业家和创业者对话交流。第一期是思科公司的董事长钱伯斯，后面几期是摩托罗拉公司的董事长高尔文，英特尔的CEO贝瑞特，我自己主持采访了惠普公司的全球总裁卡莉·菲奥莉娜。我记得采访通用电气的新任接班人杰夫·伊维尔特时，台下的听众是包括王石在内的一众中国企业家群体。西方工业时代的巨子在节目中一一亮相，这成为当时中国企业家对西方跨国公司治理了解和学习的一个难得窗口。

但这种势头维持不到十年，中国企业家赶超的脚步让世界瞠目结舌。到2008年全球金融危机后，中国企业迅速崛起，中国制造、房地产和互联网三大产业的富豪层出不穷，特别是中国互联网企业在商

我担任《对话》栏目制片人时与杰夫·伊维尔特的合影

业模式、产品服务创新、团队打造上都有自己独特的方法。中国企业家生于此长于此，中国本土的竞争优势不断得以显现，但凡在竞争领域的产业，跨国公司与中国的竞争都以落败告终。

2005 年，我在美国布鲁金斯学会和耶鲁大学做访问学者一年后回到央视。在美国期间，纽约到处可见大幅唐纳德·特朗普照片，这是美国真人秀《学徒》的宣传海报。在流动的公共汽车上，特朗普的头像和“你被解雇了”的节目名言在纽约街头穿梭，热闹非凡。作为一个电视媒体人，我仔细看了每一集节目并深受启发，第一次看到商业节目可以用电视这个媒介进行故事化和戏剧化的表达。

回国后，我希望用电视的方式来表现中国改革开放中涌现的创业者形象，我希望在商业这个舞台上进行一场创业的电视大赛。

那时的中国，正逢时代艳阳高照，商业大潮涌动，年轻人的梦想如火如荼。

《赢在中国》第一季中，我们选出了 108 名选手，由马云等企业家带到长城做励志活动，当时我并不知道长城其实是马云的伤心地。1999 年冬天，他在电子商务的理念与当时商务部下面的机构不一致后毅然离开。回杭州前，他和在商务部共事的几个学生一起来到了长城，看着雄伟的长城，想着他们北上创业的落败，也不知道未来在哪里，他们一众抱头痛哭，决心回杭州再战。

十五年后，中国历史上最高市值的企业就是当年在长城痛哭的团队一点点做起来的。我还看到马云在长城与雅虎的创始人杨致远坐着合过影，杨致远后来在阿里最关键的时候投了 10 亿美金，让阿里巴巴这家公司一跃成为互联网中融资额最高的公司，引发海内外高度关注。从此，阿里巴巴发展虽挫折不断，但自此却驶上了发展的快车道。

长城对于马云来说具有历史性的意义，那天在《赢在中国》108 将登上长城后，他发表了即兴讲演，为大家所熟悉的金句“今天很残酷，明天很残酷，后天很美好，很多人死在明天晚上”就出自那个场景。《赢在中国》的 108 名选手以长城为背景喊出的“励志照亮人

我为马云拍下在 2013 年退休晚会上难得的一乐

生，创业改变命运”的影像也成为大赛中最激动人心的场面。在那个画面中，选手们高举起右手，紧握拳头，眼光炯炯有神，声音粗犷有力，力量在聚集中似乎响彻在天际。在那个呼喊中，我看到了潜藏在千百万创业者内心深处的时代滚滚洪流，那是一个阶层迸发的原动力，是中国社会向前推动前行最生动的特写。

这些创业者们除了自我奋斗的动力，还有深深的家国情怀。第二届《赢在中国》的 108 将进北京时，我们组织他们参观了圆明园，并观看了纪录片《圆明园》。我最初看这部纪录片时，它给我的震撼渗入了我的每一个毛细血管，国力贫弱带来的羞耻和痛心感在体内清晰可见，那种难受和难堪应该是每一位生长于中国土地的人都能体会到的，所以我特意安排了一个环节来为选手们放映这部纪录片。影片放映中，多数选手们流下了热泪，他们为自己的祖国被欺凌和蹂躏深感悲痛；有一些选手在影片放映完后久久不能停止痛哭，那个情景亦如我曾经看完《甲午海战》之后的痛哭。很多选手在当时接受采访时，一边擦泪，一边平复着自己的情绪，他们表示希望用商业的力量让国家强大，发自创业者内心的爱国强国的浓烈情感真切动人。

这种个人命运改变的动因和家国情怀的双向撞击形成了一股历史前进难以阻挡的洪流。此后，伴着互联网在中国的深入发展和各种创新手段的迅速应用，中国企业成批登陆美股和港股。

2012 年，因智能手机的大面积普及，移动互联的创业公司如雨后春笋。2015 年国家提倡的大众创业、万众创新，更是助推了全国创业的热潮。

在互联网科技浪潮推动下的创业者，彻底改变了柳传志这上一代企业家的创业轨迹。他们用互联网这个当时国人并不太懂的科技力量构成了商业模式中最关键的因素，前期发展用海外的风险投资，后期借助海外资本市场上市。中国十多亿人的市场和较为廉价的劳动力优势，加之政府部门对于互联网技术的相对陌生由此带来的监管滞后，这些永远不可多得的优势在这个二十年内形成了交集。交集点上站着的，就是那批互联网创业成功的企业家们。

互联网成就的企业家们不再像柳传志们那样要花很大精力和心力去与体制纠缠，他们更多的是在企业发展的根本性问题如产品、运营、组织和人才这样的问题上下苦功。这个专业领域竞争的局面，让中国互联网企业家们以更快的步伐翻过了世界 500 强的大山，其中，阿里巴巴、腾讯竟然一跃而起跻身于世界十大最高市值公司之列。

在中国向着市场化方向突飞猛进时，所有关于市场化后企业自身发展的难题也开始突显。最早在企业界和创业群体中广泛探讨的是企业管理，接着是关于行业产业的分析，同时伴随着一系列如何让企业做大做强的讨论。这期间，核心科技研发能力的缺乏也困扰过一些企业家。但总体而言，这个时代是创业者在一个天时地利人和的大环境下大显身手的时代。

到 2018 年，也就是中国互联网二十年之际，中国房地产业一路高歌二十多年后，万科在九月份年会上喊出了“活下去”。这个喊声中，我们看到中国房地产调整期的到来，随着中美贸易摩擦不断，关税增加的利剑一直悬于头顶，这对于中国处在转型升级的制造业明显地增加了不确定因素，对于以出口为导向的外贸业更是致命的打击。此时，发展了二十年的互联网行业正在成为基础设施，中国经济增长的势头放缓，下行的趋势难以遏止。无数创业者和企业家都在问着前路，因为前路上，几个关键点在制约着创业者们。

第一，科技突破的难度增加。互联网这个普及型技术移植到国内的成本之低，远非今天人工智能行业能比。中国各行业向纵深的发展所需的技术力量仍显不足，在中美关系不断恶化的大前提下，我们看到企业界的有识之士在基础科学的投入不断增强，但基础性科研的能力原本是一个国家高等院校和相关研究机构的实力所在。一个企业在应用科学领域有所作为已实属不易，企业在基础科学的布局除了反映出其刚需的特点，同时折射出我们国家基础性科技力量的薄弱。但是，中国制造的转型升级一方面需要用到二十年互联网发展的基础设施，更重要的是相关领域中基础科学和科技应用力量的突破。

第二，中国人口红利在消失，特别是《劳动法》中五险一金对所有公司的硬性规定，已成为相当一部分创业公司无法承受的重负。

第三，中国整体社会管制环境趋严，与创业创新所需要的大环境大氛围相左。科技的创新从来都不是在一个管控趋严的环境下产生的，任何创新都不可能远离社会大环境和氛围进行单兵突破，它与社会方方面面有着千丝万缕的联系。

第四，无论是中国制造业、房地产，还是互联网行业，高速增长的态势不再，都进入了下行期或者调整期，而且这三个行业向下调整的趋势相重叠更加重了经济下行的态势。这三大行业是中国改革开放四十年来的三大风口产业，它们辐射的半径涉及上百个相关行业，它们的下行和调整一定会影响到相关细分行业。

第五，在中国经济高速增长的二十年后，中国 GDP 的增速放缓，2018 年达到了二十九年来增速的最低点。这个低点是否会再向下滑行都构成了我们创新创业的大的经济环境，毋庸置疑，创业者或者说企业家迎来了经济周期中的低谷。

二十年百舸争流的互联网发展后，创业的社会环境仍在。民营企业家和创业者人群，对社会就业和稳定的贡献值成为社会的共识，从中央到地方对民营企业的爱护关照也与日俱增。但纵观社会大环境，再加上国有企业的做大做强对民营企业发展形成的有形与无形的挤压，创业者和民营企业家所面临的挑战将越来越大。

但这个前提条件对于每一位创业者是一视同仁的，而这样的前提条件比起柳传志那一代从 20 世纪 80 年代中期所面临的创业环境总体来说仍然要好很多。但有一个不同需要指出，柳传志们在 20 世纪 80 年代和 90 年代所面临的社会大环境是一个体制不断松绑的过程，是一个“山重水复疑无路，柳暗花明又一村”的局面，这是一个让人充满希望的过程。而今天，创业者万马奔腾在辽阔大地之后要涌进一个山涧缓步行走，这个有些逆向的过程给人的不适感会一点点增强，对创业者和企业家的耐受能力的考验将会前所未有，几种交织力量的挤压会极大增加民营企业家们驾驭企业的难度。而还在路上的创业者虽正开足马力前行，那些业已成功的企业家们的心理状态在 2018 年“民营企业退场论”等种种迹象中的犹豫乃至心灰意冷也会一点点向他们辐射，从而影响年轻创业者的心态和驱动力。

每一代企业家都有需要面对时代和自身的难题，企业的可持续生存和创业的破茧永远不是容易的事情。

从江南制造局开始，企业诞生的原因从国家维稳的需求开始，到今天中国民营企业提供着 80% 就业而成为维稳的生力军，这期间一百五十多年过去了，国之稳定这一使命仍然构成企业生存的重要依据。一百五十多年的中国发生了沧桑巨变，但中国社会维稳永远是高过一切的核心这一点完全没有改变。我想，这应该是一个极好的研究中国企业，无论是国企还是民企生存和发展的切入点。

我之所以做一个关于历代企业家生存状态的扫描，是希望把创业这样一种工作和生活方式放在百年的历史大进程中来打量。只要我们足够细心，我们总是能发现让我们困住不前的现实因素，并在历史的沃土中找到应对之策。

如果说历史是我们所处的纬度，那么我们所在行业细分的创业就相当于经度。对我而言，本书则是一个对我本人十年创业经度以年为单位的详细检索。

我希望借这种经纬度的定位，把我冲进创业大军这个十年的历程做一个清晰的描述，以期让更多后来者知道创业到底是怎样一回事。

但这样的发现还不是关于创业这个社会群体活动的本质性概括，我希望从社会阶层的总结构上清晰地定义创业到底是怎么回事。

中国的创业迥异于美国硅谷，那里更多的是一群科技人才在资本助力下推动着社会的变革。而在中国，创业更像一群在社会边缘生存的个体向社会中心逆袭的运动，是社会上升通道中底层向高层艰难的跃升，是草根底层希望占据社会主航道的手段。他们多半是一批在高考这轮淘汰赛中表现不佳者，而创业则是他们改变命运的唯一武器。这正像科举时代唯有读书可以做官，可以走向社会上升通道一样，正是为了走向这个通道，无数学子就会头悬梁锥刺股踏上漫漫科举路。

随着社会市场化的深入，众多在学业上因种种原因荒废、成绩平平者也可以有另外一条社会上升通道，但这条通道并不以一场考试论胜负，它的考试时间段基本上是以整个人生来设置的。这条通道让众多资历并不优越或禀赋独特并不适合中国教育体制的年轻人，拥有向不公平的命运挑战的机会。让默默无闻的小草可以有发光的时刻，让乡野边陲山区的青年、寻常巷陌的百姓，可以通过商业的成功挤进社会上层通道，从而过上无比向往的生活。这就是大众创业、万众创新的动力所在，这种动力如同生命体内的核动力，每一个具有这个动力的创始人就像 TNT 携带者，在那些惊天动地的创业故事中，我们都可以听到他们于无声处的惊雷爆炸。他们炸飞了一次次的业务堡垒，炸开了一条条生的通道，当然，更多的创业者炸完后是一堆灰烬。但正是这样的动力让中国创业者群体得以前赴后继地涌现，这个动力也是成就中国改革开放四十年企业家群体最最原始的那个基点。

因为，不得已的选择永远是离成功最近的通道。

桥水基金的瑞·达利欧曾引用约瑟夫·坎贝尔在《千面英雄》中对英雄的如下描述："所谓英雄，就是超越了阶层出身，超越了周边环境，超越了性格局限，有强烈的使命感，听从使命的召唤，为了自己的使命不断奋斗的人，他们能给世界带来惊喜。他们通常最初在平凡的世界里过着平凡的生活，然后被一个'冒险使命'感召，引导他们走上一条'试炼之路'，充满了战斗、诱惑、胜利与失败，他们的最大的回报就是在其历程中悟出的成功秘诀。然后，赢得更多战斗，取得更多回报，已不能让他们兴奋，他们最关心如何把经验传授给别人，'回报恩惠'，当回报完成后，英雄就可以自由地生活，直到生命终止。"

其实，这群英雄在和平时代就是创业者和企业家。

中国改革开放四十年，大体算来就是多了两大群人。一群是由于恢复高考出现的大批知识分子，这当然包括大批科研人士和科学家，还有一群就是企业家和创业人群。这两个群体是国家不断发展、国家竞争力不断强大的基石，正是这两群人以及这两群人的结合，让中国社会的基本结构发生了根本性变化。也可以说，这两群人是中国社会走向进步和现代化不可或缺的人群。科学和商业，变成了当今社会生活和国家治理的基础性力量。这两群人的生机如何是一个国家有无希望的前提，而这个前提的存在有赖于中国社会向着市场经济这个方向不断地在广度和深度上推进，而不是相反。否则，那一定是企业家整个群体的劫难，毫无疑问，它也会是中国命运的巨大转折点。

上述这些，只是我本人将创业十年作结的一个社会大背景，它并不构成我要结束一段创业历程的原因。社会发展总体趋势本身代替不了一个个体生命的人生选择，由他人或者某个群体的成功鼓舞下进行的选择并不能转化成人生前行持久的驱动力，一个人的内在发动机，除了发自内心的热爱以及与自我生命秉性的契合别无其他。

也就是说，无论创业的外在环境如何发展，我都会作一个了结。只是在创业十年后，在深入认知企业家群体对现代文明社会的不可替代、创业者人群的不易、商业力量对一个社会改造的不凡之后，再来评判中国企业家和创业者群体时，我与一个做解说员式的媒体人应该是不可等同的。

从 2009 年年底离开央视创业到 2019 年共计十年，其中前五年多一门心思希望打造一番事业。到 2016 年年初我就非常想终止这个并不是我真正想要的旅程，后因不忍离开自己一手建立的优米而不能克服情感上的不适，我又坚持了一段时间。想想这十年，在我前半生中的确属于目标并不坚定、行动也左右摇摆的阶段。究其原因，其实是最初的选择是来源于外在力量的鼓舞，而非生命内在的热情。我其实是希望过一种不依附于外在力量，而完全靠自己的努力和能力且创造价值的生活方式，恰好当时创业就是这种方式最好的体现。但走着走着，我越来越发现其中的问题，它就像我喜欢红色，刚好看到了一个美丽的红苹果，就误以为我喜欢苹果一样，其实我喜欢的并不是苹果，我喜欢的只是红色而已。这样的误判当然会直接导致创业路上对目标的不确信、不坚定。

这十年期间我多次问自己，如果我可以成为一个了不起的企业家，那真的会是我人生想要的吗？冷静时我用心思考着这个问题，我发现我并不敢肯定。先不要说我并不具备那个才能，即便是实现了，我也觉得那个目标好像并不是我要的，它更像是别人的人生目标。

这导致我常常置身在一个有点荒诞的情景中，明明是一个拳击运动员，却要站在一队跳高运动员中间参加比赛，除了一次次跳得笨拙且不达标，不会有别的结果出现。

十年，在哪怕是能活百年的人生中，也并不是一个可以忽视的时间段。但这十年带给我的除了认知自我上的进化，也让我痛切地看到了人生选择的艰难。纵观我前面几次人生的选择，看似懵懂，但每一次选择都与我的心性禀赋以及内心的激情相连，如果这两件东西恰好和外在的时机相合，那么就会有人生中的高点出现，如果不合，人生的下行就在眼前。这就是人生曲线起伏的根本。

没有一个人的人生是一条不变的上行线，人生曲线的高低转折正可用以参悟人生，我甚至怀疑这样的曲线才是一个人最好的学校。因为，这条曲线不是画出来的，是一天天的生活中煎熬出来的。这条由肉身画出的曲线，也许正是我们稍稍可以触摸和理解大千世界的秘密武器。

由此，我创业这十年的价值应该在未来一点点突显。

我仍然满怀希望。

附录

appendix

创业十年致谢人员名单

十年中有太多的人帮助过优米和我本人，在此一并呈上我真挚的感谢，正是他们在我十年创业中曾给过我各种各样的支持。每每回忆起具体场景，都让我眼眶发热，一股股暖流在心头涌动。这些好意和助力都是我创业路上的缕缕阳光，它一定会内化为我的一种待人处事的价值观，并在生活的各个场景将我得到的这种善意传递出去。我更加相信真善美的力量，相信人性的力量，相信人间正道，相信公平正义存于绝大多数人心里，这些正是助人这个举动中最有价值的部分。

我要感谢优米的员工们，谢谢你们跟我一起走过了一段不同寻常的岁月，谢谢你们对我的信任。在我这本书出版之际，我花了一些时间，希望尽可能找到你们的合影。所以，在提供马云与优米员工合影时，我特地跟出版社的编辑说，尽量多用，让优米员工在这本书中留下一些纪念。

我还要列出一个长长的名单，他们曾不吝惜时间来到优米讲课和交流。其中冯仑来过八次之多，如果加上《有志・赢在中国》，冯仑前后来过十五次左右，王石来过五次。正是他们为优米创造了一系列优质视频课件，在此一并表达感谢。

特别致谢（排名不分先后）

柳传志	中国联想控股董事长
史玉柱	巨人控股董事长
马　云	阿里巴巴创始人
王健林	万达集团董事长
卫　哲	嘉御基金创始人、董事长
江南春	分众传媒董事长
高红冰	阿里巴巴副总裁
吴志祥	同程艺龙董事长
海　泉	著名歌手投资人
范　曾	著名画家
邹玉利	范曾助理
卜　宇	江苏广电集团董事长
景志刚	江苏卫视原频道总监
柳　嘉	江苏卫视频道制作部主任
王　霆	江苏卫视原广告部主任
张育民	深圳卫视总监
张　峥	深圳卫视执行总监
干嘉伟	美团前 COO
冯　仑	万通原董事长
王　石	万科集团创始人、原董事长
李开复	创新工场董事长
俞敏洪	新东方教育集团董事长
雷　军	小米科技创始人、董事长
徐小平	真格基金创始人
陈志武	经济学家、耶鲁大学终身教授
刘强东	京东商城创始人、CEO
王　冉	易凯资本有限公司创始人兼首席执行官

查　立	乾龙创投基金创始人
许良杰	新浪微博原总裁
熊明华	腾讯前 CTO
唐　侠	飞贷金融科技创始人、CEO
毕　胜	必要商城创始人
杜子建	作家
李　弘	中国国际金融公司原董事总经理
雷菊芳	西藏奇正藏药股份有限公司董事长

优米讲师列表（排名不分先后）

彭志强	盛景网联咨询培训集团董事长
董明珠	珠海格力电器股份有限公司董事长
张　勇	阿里巴巴集团 CEO
赵启正	中国人民大学新闻学院院长
杨凯生	中国工商银行原行长、中国银监会特邀顾问
曹国伟	新浪董事长兼 CEO
蒋锡培	远东控股集团有限公司创始人、董事长
包　凡	华兴资本集团创始人兼 CEO
王中军	华谊兄弟传媒股份有限公司创始人、董事长
徐　冰	中央美术学院副院长、教授
傅　盛	猎豹移动公司 CEO
王　兴	美团创始人、董事长
龚　宇	爱奇艺创始人、CEO
任志强	华远集团原董事长
潘石屹	SOHO 中国董事长
周鸿祎	奇虎 360 公司创始人
吴晓波	著名财经作家
王国彬	土巴兔装修网创始人

胡葆森	建业地产股份有限公司创始人
李连杰	著名演员
邓　锋	北极光创投创始人
刘积仁	东软集团董事长兼 CEO
孙振耀	领教工坊领教暨董事
郭凡生	慧聪网创始人
李国庆	早晚读书创始人
孙陶然	拉卡拉集团董事长
王长田	光线传媒有限公司总裁
罗永浩	锤子科技创始人
牛文文	创业黑马集团创始人
黎万强	小米科技联合创始人、副总裁
陆凯薇	阿里巴巴人员及组织发展资深总监
潘小夏	中投圣泉投资管理企业创始合伙人
李亦菲	英仕曼集团中国区主席
赵忠祥	资深电视节目主持人
王洛勇	舞台剧演员、编剧及导演
张国立	国家一级演员
朱　锫	著名建筑设计师
黄健翔	体育评论员
吕　植	北京大学保护生物学教授
王　巍	中国金融博物馆理事长
杨　壮	中国 MBA 教育先驱
魏　雪	普乐普公关公司中国区总裁
刘雅玲	爱讯特通信技术发展有限公司 CEO
巩　军	君合律师事务所合伙人
夏　骏	华人文化集团创始人
邹其芳	瑞尔集团有限公司董事
俞永福	优视科技 UC 浏览器 CEO

张　兰	俏江南创始人
王　江	航班管家 CEO、天使投资人
陈兴动	法国巴黎证券（亚洲）有限公司董事总经理
金韵蓉	心理治疗师
韦培德	EF 英孚教育中国区成人事业部总裁
陶思璇	情感心理专家
孙路弘	职业培训师、营销专家
李山泉	美国奥本海默基金公司高级经理
成长青	渣打银行中国区 CEO
王潮歌	导演
梅　燕	MTV 电视网原中国区 CEO
左英杰	新七天电器网 CEO
李　一	瑞银集团中国区主席
文　怡	美食专家
周　桥	皮皮时光机创办人
廖昌永	中国音乐家协会副主席
李　想	车和家创始人及 CEO
季　琦	华住酒店集团创始人
王　强	新东方创始人之一
许小年	中欧国际工商学院经济学和金融学教授
林正刚	刚逸领导力公司 CEO，思科中国前总裁
朱德淼	橡树资本（香港）有限公司总经理
蔡　明	博洛尼家居集团创始人、CEO
陈　欧	聚美优品首席执行官
李　伟	尚妆网创始人兼 CEO
王春岩	阿尔斯通（中国）投资有限公司能源管理部董事
何　龙	资深葡萄酒品鉴专家
王　芳	婚姻家庭法专业律师
杨　葵	出版人、作家

刘松琳	聚成企业管理顾问股份有限公司董事长
梅　山	美国基辛格事务所高级顾问
李成才	CCTV 经济频道特别节目组主编
白先勇	美籍华人作家、昆曲制作人
陈　华	唱吧创始人
李　波	软通动力信息技术集团执行副总裁
吴　忠	中国国际扶贫中心主任
许朝军	点点网创始人
林　翰	通路快建创始人兼 CEO
包凡一	北京新东方学校副校长
王小川	搜狗总裁、搜狐原首席技术官
朱新礼	汇源集团董事长
何永智	重庆小天鹅投资控股（集团）有限公司总裁
李培新	新怡工业设计（上海）有限公司设计总监
蔡洪平	汉德工业促进资本主席
詹文明	德鲁克管理学家
于　丹	著名文化学者
吴　声	场景实验室创始人
宋有洲	发明家
秋　微	作家
邵晓峰	著名画家
孙　冕	《新周刊》社长
白　玲	百中智人咨询公司首席咨询师
邱志杰	中国美术学院跨媒体艺术学院教授
冯钟云	艺术家兼武术家
王　迈	过来人 CEO
赵小鲁	赵晓鲁律师事务所主任律师、首席合伙人
洪炳熔	国际机器人足球联盟（FIRA）副主席
瘦　马	时尚传媒集团原副总裁

浦　峰　　《新京报》摄影记者
钮文新　　央视网证券频道总编辑
毛戈平　　化妆艺术大师
刘　吉　　中欧国际工商学院名誉院长
许晓增　　香化专家
徐小明　　财经博主
汤　敏　　中国发展研究基金会副秘书长
黄森磊　　安博京翰教育集团董事长兼总裁
张　旭　　中国电影股份有限公司团委书记
王小鲁　　中国改革基金会国民经济研究所副所长
李　弘　　中国国际金融公司董事总经理
张爱志　　跨考教育集团董事长兼 CEO
苏　芩　　情感心理专家
王尚峰　　举贤网创始人、人力资源专家
郑朝予　　启德教育集团培训事业部总经理
孙　萍　　美国赛凯教育咨询资深顾问
浦晓燕　　《财经》杂志副总经理
陈一舟　　人人公司董事长兼 CEO
毕飞宇　　作家
苗鸿冰　　白领时装有限公司董事长
张　斗　　音悦台创始人兼 CEO
林　海　　人合正道培训研究院院长
李　盛　　利安适生活科技用品公司总经理
赵鹤之　　国际教育协会特约讲师
赵春香　　春香（北京）生态文化有限公司创始人
蒋　磊　　史宾沙中国国内企业业务执行董事
刘　军　　联想集团高级副总裁
张德芬　　华语世界首席心灵导师
程炳皓　　开心网创始人

潘钦敏	哈工大教授、博士生导师
张怡筠	心理学家
江　黎	中央美院设计教授、设计师、艺术家
伊光旭	飞博共创公司创始人兼 CEO
晏　涛	社会化媒体营销实战专家
来　罡	社会化媒体营销研究者
申　音	NTA 创新传播机构创始人
邱晓华	中海油能源经济研究院首席经济学家
张雪明	剧角映画营销总监
阎　焱	赛富亚洲投资基金创始管理合伙人
李青原	中国证监会研究中心原主任
马立诚	《人民日报》前评论员、政论员
刘晓光	首创集团董事长（已故）
余　隆	中国爱乐乐团艺术总监
左小蕾	中国银河证券股份有限公司首席经济学家
陆　川	导演
姚　芳	安永会计师事务所合伙人
薛　澜	清华大学公共管理学院教授
刘东明	中国电子商务协会网络整合营销研究中心主任
阎　兰	法国基德律师事务所合伙人
吴卓浩	创新工场用户体验总监、INWAY Design 创始人
杨　宁	空中网创始人、副董事长
陈　宏	汉能投资集团董事长
茱莉亚	国际礼仪顾问
许知远	作家
莫天全	搜房控股董事长
莫　汉	悠季瑜伽（中国）主教练
刘江南	阿尔卡特朗讯（中国）投资有限公司原总裁
付　遥	实战派营销专家

段 斌	必帮咖啡联合创始人
叶 檀	资深财经评论员、财经专栏作家
黄怒波	中坤投资集团董事长
张俊良	锐马传播总经理
张向东	久邦数码联合创始人
雷 颐	中国社科院研究员
唐兴通	携手互动 CEO
徐智明	快书包创始人
杜 葵	北京人众人教育总裁
谭 智	北极光创投投资合伙人
徐 扬	微播易 CEO
李 昀	形象管理专家
廖晓义	北京地球村环境文化中心创办人兼主任
周思敏	国际时尚礼仪专家
李 易	中国移动互联网产业联盟常务副理事长兼秘书长
陈志列	深圳研祥集团董事局主席
涂志云	我爱卡网站 CEO
杨亚天	奇才互联 CEO
刘姝威	中央财经大学中国企业研究中心主任
袁 岳	零点研究咨询集团董事长
沈 浩	中国传媒大学电视与新闻学院教授
程 原	罗盛咨询公司大中华区董事总经理
王煜全	开放应用联盟创始人、电信互联网行业专家
王 震	微众传媒创始人、CEO
茱 莉	绝对 100 婚恋网创始人
石述思	资深媒体人
袁 聪	应用汇联合创始人
慕 岩	百合网联合创始人
王卫东	德恒律师事务所全球合伙人

阚凯力	北京邮电大学经济管理学院教授
夏　华	依文企业集团董事长
潇　彧	江西理工大学 MBA 专家讲师
李　静	著名主持人、乐蜂网创始人
周　航	易到用车创始人
申　晨	新浪微博人力资源前经理
陈　年	凡客诚品创始人、董事长
赵启光	美国卡尔顿大学亚洲语言文学系教授
于　扬	易观国际创始人
许晓辉	初刻网 CEO
曹景行	资深媒体人
谭一平	职场问题作家、学者
陈作新	理财规划师
陈　彤	作家
王志东	点击科技创始人
毕淑敏	作家
梅　萌	清华科技园发展中心主任
王树彤	敦煌网总裁
刘煜炎	康福外国语学校校长
王　璞	北大纵横管理咨询集团创始人
秦　朔	《第一财经日报》总编辑、秦朔朋友圈的创始人
杨丽君	ING 保险驻华首席代表
展　江	北京外国语大学国际新闻与传播系教授
韩小红	慈铭健康体检管理集团总裁
任小艾	《人民教育》杂志社管理室主任
刘二飞	美林中国区主席
吕思清	著名小提琴演奏家
王旭明	语文出版社原社长
马未都	观复博物馆馆长

叶小钢	中央音乐学院副院长
曾之杰	开信创投总经理
蒋佩蓉	儿童礼仪专家、教育专家
郭海平	艺术家、精神病人艺术研究者
张 波	上海翼码公司战略合作部总监
卢北峰	《北京青年周刊》采访中心主任、图片总监
刘少创	中科院遥感应用研究所研究员
周忠亭	中成伟业酒店主席、世界华人健康饮食协会副主席
周丽霞	劳动法专业律师
马建强	商务演示策划教练
李秋风	武汉风华游戏创始人，搜狐游戏频道前主编
张 桓	尚道营销咨询集团董事长
熊 磊	儿童文学作家
Momo	淘宝店铺“浪”店店主
徐易容	美丽说创始人、前抓虾网总裁
李 星	北京九型人格成长学院院长
陈 骥	原中国物联网集团股份有限公司总裁
张有为	上海奥鹏企业管理咨询有限公司创始人
陈雪频	智慧云创始人 CEO
李栓科	《中国国家地理》杂志社社长
素 素	爱酒窝俱乐部创始人
陈 瀚	睿毅教育创始人
王智勤	DISC 行为科学中心高级顾问
李 东	世纪良媒营销策划传播机构总经理
董 雪	客服管理专家、网商动力特约运营专家
林炳生	台湾永和豆浆集团董事长
王秦岱	手机大头董事长兼首席执行官
朱华杰	网商动力视觉专家
汪小菲	北京合尊置业有限公司董事长

李家华	中国青年政治学院副院长、教授
张　焜	漫道资本合伙人
李天放	课程格子创始人
高学争	迅途网商俱乐部创始人
张颐武	北京大学中文系教授
颜艳春	北京富基融通科技有限公司董事长
史志有	作曲家
张　利	清华大学建筑学院教授
闫燕秋	《婚姻与家庭》杂志运营部创意总监
加藤嘉一	专栏作家
田范江	百合网创始人兼 CEO
李　薇	清华美院教授
吴　波	美澳居创始人
王小兰	时代集团公司总裁
吴克忠	优势资本股权投资基金总裁、合伙人
周　刚	微软资深培训师
汪潮涌	信中利国际控股有限公司创始人
张　鹰	易观国际集团副总裁
朱亦兵	大提琴家
王　俊	杭州冠潮网络科技有限公司董事长
方　雨	WeMedia 联合创始人
宋　炜	全球移动游戏联盟原秘书长
李淑君	GXG 原电商总经理
龚海燕	世纪佳缘 CEO
杨红春	良品铺子食品集团董事长
王子林	故宫博物院研究馆员
吴雪杉	中央民族大学美术学院教授
彭凯平	清华系主任、教授、博导
廖江涛	网商动力董事长兼 CEO

刘　墨	画家、北京大学历史文化资源研究所研究员
段靖远	中科院半导体研究所博士
陶　闯	网络电视 PPTV 创始人
李宝运	PPT 高级讲师
赵欣如	北京师范大学鸟类专家
阚　冬	富柯瑞管理顾问有限公司创始人兼 CEO
方三文	雪球财经 CEO
陈超仁	乐呵互动联合创始人、CEO
刘晓利	尚德博瑞管理咨询总经理
蔡劲松	思维魔方创始人、鱼式管理创始人
申　磊	理财范 CEO
左　衡	电影学博士
宋　琦	人合正道培训机构高级合伙人
侯小强	盛大文学首席执行官
朱月怡	花点时间创始人
苏超超	由米文化创始人、CEO
陈　倩	音乐之帆少儿交响乐团团长
田传钊	北京博雅立方科技有限公司联合创始人
蔡丹红	学院派实战型品牌营销专家
马宏杰	摄影记者
许秋汉	《博物》杂志主编
杨萃先	黔西南古方红糖责任有限公司 HR 总监
杨石头	智立方品牌营销传播集群的董事长兼 CEO
逛　逛	可视化应用咨询及培训专家
张　赢	哈哈镜鸭脖总经理
陈雄斌	中国科学院半导体研究所副研究员
张映辉	自由撰稿人
朱丽俐	北京更香茶叶有限责任公司总经理
田　宁	盘石网盟创始人、董事长兼 CEO

郭冰砚	传统文化研究院茶会理事
徐　星	中国古生物学家
熊志惠	北京东方国艺文化发展有限公司总经理
张婧薇	原创淘品牌 MS·SHE 大码女装创始人
葛　甲	知名互联网分析师、互联网发展史研究者
杨大筠	UTA 时尚管理集团总裁
李彬岩	北京航空航天大学在读研究生
蔡天新	诗人、随笔和游记作家
徐明星	OKCoin 创始人 CEO
梅　峰	中国低成本营销专家
王　羿	北京服装学院服装系副教授
丁　力	《地缘大战略》作者
李　智	中华中医药学会国际部顾问
孙志远	非视觉摄影培训师
蔡丽煌	中华人民共和国会计职业大典特聘专家
黄　若	淘宝网运营中心前副总裁
叶　开	汉拓科技创始人
曾　松	百程网创始人
林伟贤	实践家知识管理集团董事长
韦晓亮	智课网 & 极智批改网 CEO
王　仞	永乐票务创始人
苏　然	妙创意联合创始人
王　玮	家酷网创始人兼 CEO
成昭君	北京洪海龙腾艺术设计总监
孙　莹	达内科技 COO
高红冰	阿里巴巴集团副总裁
刘杰克	和君咨询合伙人
蒲　易	Roseonly 创始人兼 CEO
赵　甜	财富中国金融服务有限公司执行合伙人

郑　治	时趣互动社会化营销资深顾问
单国强	中国世家鉴定委员会鉴定专家
周小鹏	百合网首席婚恋专家
杨　路	雅致人生素质教育集团董事长
马　云	母婴社区“妈妈说”创始人
姚劲波	58 同城网 CEO
开　心	网商动力特约运营专家
华　杉	上海华与华营销咨询有限公司董事长
熊　振	百度移动 · 云事业部分发业务总监
陈秀星	爱味科技 CEO
汪　洱	麦肯锡《金字塔原理》翻译者、研究者
管　鹏	微信研究专家
裴　峤	微差事联合创始人
段君峰	北京环球君成知识产权代理有限公司创始合伙人
王不凡	微营销专家、微江湖策划人
杨一夫	人人贷创始合伙人
王子恢	蓝莓手机社交广播创始人
吕建强	清华大学艺术教育中心副教授
马佳佳	女性社区 High 创始人
程耀辉	海尔集团互联网金融创业事业群 CEO
桔多淇	观念摄影艺术家
姚　璐	中央美院摄影教研室副教授、硕士生导师
孔　飞	大班家政总经理、官方微博负责人
张　翔	歌瑞尔品牌创始人
张建徽	辽海律师事务所专职律师
秦贵森	民间学者
马轶群	腾讯效果广告平台部副总经理
顾晨炜	挖财总裁兼首席运营官
钟　宏	北京倍优天地母婴服务连锁机构大学生月嫂

尹　岩　　悠季瑜伽（中国）创办人
林德壮　　网商动力运营专家
刘　慜　　京东大物流及系统规划部总监
李忠秋　　华商基业高级培训师
张　涛　　大众点评创始人兼 CEO
张　庆　　关键之道体育咨询公司创始人
元　创　　SEO 实战家、企业 SEO 导师
周　彤　　穷游网联合创始人兼副总裁
谢　伟　　银泰商业集团泛渠道业务部总经理
刘　翔　　迅途网商学院金牌讲师
宋立新　　《英才》杂志社社长
梁景红　　色彩与设计研究学者、设计师
李贵君　　中国艺术研究院、中国油画院画家
张荣耀　　荣昌集团董事长
贾　伟　　LKK 洛可可设计集团创始人、董事长
谢冬梅　　大陆首位国际 EAP 协会认证专业员工心理顾问
陶　奕　　百度账号体系管理部负责人
刘宏蛟　　科通芯城营销副总裁、资深市场营销咨询顾问
鲍明刚　　管理学博士、举贤网人才研究院院长
闫　静　　和顺中泽首席财务讲师
杨励耕　　海尔电子商务有限公司 CEO
戴　愫　　《不会写，怎敢拼外企》作者
王　成　　关键客户管理教练
何治明　　欧莎 VP
许丽洁　　国家商务部海外营销专家
李京林　　iSido 创始人
毛俊程　　引销学创始人
汤大风　　裂帛创始人
周庆彤　　联想集团副总裁、首席战略官

陈　涛	SoLoMo Club 理事会员、云点矩阵 CEO
醒　客	WeMedia 商学院院长
左祥琦	劳动法专家、律师
魏江雷	联想集团原副总裁、中国区首席市场官
郝杰斌	万通立体之城总经理
张冬冬	万通控股副总经理
乔月猛	imo 云办公室创始人、董事长
杨立东	北京瑞天乐信息技术有限公司创始人
李连柱	广州尚品宅配家居股份有限公司董事长
云　波	万通投资控股股份有限公司投资部副总监
徐茂权	软文营销、创意营销实战专家
许单单	拉勾网董事长
焦　青	北京中坤投资集团总裁
张树新	北京科技有限责任公司董事长
罗　军	途家网联合创始人兼 CEO
钱　红	钱红游泳学校校长
金　犁	墨迹天气创始人兼 CEO
张　瑜	大班家政创始人
耿晟轩	网商动力资深专业讲师
王晓波	北京赫尔特环保科技有限公司创始人
徐大地	上海网策管理咨询公司总经理
张雁庆	罗德公关中国区人才招聘负责人
程立苇	品牌架构师、剧豆工场 CEO
陈正宾	“懒人业余餐厅”老板
刘　洋	北京洪海龙腾高级客服总监
周树明	资深品牌营销实战专家
陈伟星	快的打车创始人
李年福	百度大数据 UE 高级经理
杜梦杰	追梦网创始人

黄光伟　　电商效果营销策略体系创始人
陈　愉　　美国洛杉矶前华裔副市长
阮　琦　　百合网资深情感专家、网名“魔鬼咨询师”
栾义来　　凡客诚品前助理总裁
王铭卫　　阿虎烧烤创始人
姚乃胜　　京东金融副总裁
赵　倩　　悦美华商学院创始人
庄崧冽　　雕刻时光咖啡馆创始人
孙　超　　琰时代文化传媒有限公司 CEO
李　佺　　百度百付宝公司业务发展部资深总监
刘　辉　　北京市邦盛律师事务所合伙人
张　俊　　拍拍贷 CEO
徐曼丽　　腾讯财付通商业中心总监
邹　鑫　　时间管理讲师
许　炜　　众安保险首席运营官
王煜磊　　阿里巴巴集团副总裁
戴鹏飞　　爱国者新媒体 CEO
井贤栋　　蚂蚁金服 CEO
田　先　　北京三合源教育总经理
张晓真　　锐锋环保科技有限公司创始人
贺　挺　　惠普中国前市场开发经理
杨　华　　ATA 职业能力发展学院院长
肖明超　　数字营销专家
林恒毅　　万商万才科技有限公司创始人兼董事长
戴赛鹰　　三个爸爸联合创始人
青龙老贼　WeMedia 自媒体联盟创始人
张　越　　波士顿咨询董事经理
所志国　　北大 EMBA 特聘讲师
王兴权　　职商教练、职业生涯管理专家

黄银清	手绘笔记 100 门
高　臻	老枝花卤联合创始人
邢志峰	京东大数据创新部负责人
赵永久	资深情感教练
猛小蛇	微信《狗日报》主编
艾顺刚	睿泰信息科技有限公司董事长、总裁
胡延平	DCCI 未来智库首席专家
伏英娜	哈图创始人
刘东华	正和岛创始人兼首席架构师
王泽锋	谁叫我起床联合创始人
伍　杰	桑德拉中国区总裁
刘　钢	律师
何伯权	投资家、企业家
仲崇玉	思谟医药咨询创始人
范　敏	携程网 CEO
江礼坤	推一把网站创始人
朱演铭	熙可集团（全球）有限公司总裁
刘卫东	北京石刻艺术博物馆研究员
王　玲	北京市社会科学院研究员
邵林喜	阳光巴士眼镜店培训师
刘文源	Hi 电创始人
纪鹏程	易点租 CEO
李　政	WIFI 万能钥匙 CFO
朱邦红	迅途网商学院金牌讲师
龙　伟	大众点评网资深副总裁
魏　炜	小隐画馆创始人
刘克楠	大象安全套创始人
傅　强	北京市邦道律师事务所高级合伙人
张海霞	北大教授、博士生导师

谢　勇	北京中坤投资集团有限公司副总裁
岳敏君	画家
刘敬文	维吉达尼营销顾问
唐　宁	宜信公司创始人、CEO
李　烨	原始烧烤创始人
张爱军	北京市中勤律师事务所主任
刘　敏	北京中天创域投资咨询有限公司董事总经理
王思明	SOIREE 奢瑞小黑裙创始人
唐万里	回家吃饭 CEO
马　乐	亚洲星光娱乐创始人
潘国栋	吉屋联合创始人兼 CEO
张　帅	亲出价网红供应链创始人
黄　奕	奕靖康创始人
米雯娟	VIPKID 创始人
孙志刚	红包易创始人
文　迪	梅林资本创始合伙人
庞琳勇	小觅机器人创始人
刘　辉	北京市邦盛律师事务所合伙人
毕　振	众众创始人
江文山	Can · Café 众筹咖啡馆创始人
薛梓闻	速帮 360 创始人
王正坤	易快修创始人兼 CEO
陶子欧	心目教育创始人
朱吉朗	阿里巴巴全球速卖通平台营销负责人
华　琨	UCloud 联合创始人兼 COO
李令辉	滴滴快的首席架构师兼基础架构部技术总监
陈　亮	阿里研究院资深专家
周正浩	富梦网 Kick2real 平台负责人、协理
黄家源	萌小明联合创始人、CFO

周志海	东尚服装股份有限公司 CEO
闫　旋	享充创始人兼 CEO
张　剑	纳什空间联合创始人
涂子沛	阿里巴巴前副总裁
闵万里	阿里云机器智能首席科学家
黄　河	尚妆网联合创始人兼品牌总监
马　力	最美应用 CEO
仰海波	翼龙贷法务总监
陈拯民	星谷实验室创始人
张　桓	疯蜜创始人兼 CEO
刘　康	闪聘创始人兼 CEO
文　杰	大家社区 CEO
张力奋	FT 中文网前总编辑
孙利军	阿里巴巴集团副总裁兼农村淘宝事业部总经理
杨连合	网商动力课程研发负责人
董博英	正点科技 CEO
叶坚峰	叶总会电商大咖群发起人
赵国栋	中关村大数据产业联盟秘书长
张自创	南京么么文化传播有限公司 CEO
薛国巍	仔皇煲创始人
王明峰	小鹿快跑创始人
李志林	简一陶瓷有限公司董事长
冷友斌	飞鹤乳业有限公司董事长
张建锋	阿里巴巴集团首席技术官
王　坚	阿里巴巴集团前首席技术官
刘　佳	乐视致新高级经理
高　铎	北京腾云天下科技有限公司副总裁
程巧梅	民生银行北京 CBD 管理总部企业金融中心总经理
肖森舟	中国微商十大领袖

刘　斌　　国广星空副总裁
肖尚略　　云集创始人兼 CEO
张　俊　　社交产品创业者
杨西文　　联想集团人力资源招聘专员
胡伟雄　　阿里巴巴天猫美妆洗护总经理
雷　鸣　　娱乐大数据专家、知名自媒体人
柴金祥　　好买衣联合创始人 &CTO
严介和　　苏太华系创始人
程　正　　动动三维创始人、CEO
杨　帆　　达令 App 副总裁
王明伟　　凯洛格连续两届最佳讲师、媒体撰稿人
徐文俊　　北京中医医院皮肤科博士
穆兆曦　　优识创始人
张良伦　　贝贝网创始人兼 CEO
胡茂伟　　悦动圈创始人
章胜兵　　颜墨斋 CEO
王正新　　NPLUS 合伙人、市场总监
荆　伟　　SAP 中国副总裁、行业专家团队总经理
吕晋杰　　楚楚街创始人
王　维　　美股王创办人
吴彦群　　爱帮公交执行副总裁
孟　超　　悠泊 CEO
苏琦瑞　　家居装饰行业创业者
史秀雄　　约会教练、独立心理咨询师
韩家寰　　大成食品董事局主席
刘　迪　　更美 APP 创始人兼 CEO
侯尊中　　中联资本管理集团有限公司董事长
王　微　　著名危机管理专家
王　茜　　北京蜜丝伊娃商贸有限公司创始人

王　和	中国人保财险执行董事、副总裁
尹明善	力帆控股有限公司董事长
钱　坤	经纬中国董事
黄伟东	磊石跨文化发展有限公司董事总经理
邵子钦	中信证券非银行金融首席分析师
吴智勇	丰厚资本创始合伙人
陈怀远	小蓝单车联合创始人、CSO
兰宁羽	天使汇创始人
杨众杰	摩拜单车副总裁
刘永斌	北京盈科律师事务所高级合伙人
张志伟	北京盈科律师事务所专业律师
王　昆	葡萄创投创始人兼 CEO
傅彦生	管家帮创始人、董事长
何小鹏	小鹏汽车创始人兼董事长
姚　雷	微信海合伙人
王　磊	阿里健康 CEO
黄　臣	武汉凡尘视界文化传媒有限责任公司创始人
李崛华	坚果创投管理合伙人兼总裁
史晓燕	伊利诺伊投资有限公司董事长
包炬强	微车联合创始人、CTO
张　涛	万国体育 CEO、安踏集团原副总裁
陈向东	跟谁学创始人、董事长兼 CEO
温城辉	礼物说创始人兼 CEO
陈荣根	创客总部合伙人
潇　涵	意外艺术创始人
韩　坤	乐词联合创始人
段永朝	财讯传媒集团（SEEC）首席战略官
庞晨嘉	斯凯智能科技创始人
范志强	卖货郎创始人兼 CEO

金嘉轶	企道知行创始人
姜　蕾	阿里巴巴御膳房负责人
李志飞	出门问问创始人
谢　晶	惠量文化联合创始人
王文钢	优曼家纺创始人
赵乾坤	37degree 创始人兼 CEO
孙志超	小米科技投资部、MIUI 生态负责人
门旭光	51 用车联合创始人兼 CPO
付利军	英诺天使基金合伙人
赵　强	知名营销策划专家
赵大伟	和君咨询集团合伙人
叶德文	文新学堂创始人兼总裁
韩铁林	和君智道商学院创始人
鲍艾乐	3W 咖啡联合创始人
陈　轩	燕小唛 CEO、病毒式营销专家
赵　亮	北京爱摄汇网络科技有限公司 CEO
黄瑞章	小狗电器资深饲养员
成宝艳	北京米卡贸易有限公司董事长
吴晓求	中国人民大学金融与证券研究所所长
沈东军	通灵珠宝总裁
胡晓明	阿里巴巴集团副总裁
王　易	微信通创始人、炒作网创始人
许泽玮	91 金融创始人兼 CEO
易欢欢	互联网金融千人会秘书长
范新红	好豆菜谱副总裁
王安平	谷绿农品创始人
杨　健	企业互联网转型专家
刘乐君	小微金服 O2O 事业部总经理
覃　曦	国际绩效改进协会（ISPI）中国分会副主席

宋晨枫	小鱼儿科技有限公司联合创始人兼 CEO
邢　帅	广州邢帅教育科技有限公司总裁
艾菲尔	星座塔罗作家
刘文中	新浪高级微博传播顾问
武　力	卡通化品牌营销策划设计顾问
丁景涛	邻和网创始人
张　平	土豆网总编室总监
王浚海	掌上药店创始人
刘　松	阿里巴巴副总裁
王禹媚	华泰证券研究所董事总经理
王　迅	青橙手机董事长兼 CEO
王培亚	青岛云际网络信息有限公司创始人
谢培福	百玩 CEO
雷　涛	天云大数据 CEO
汤峥嵘	途牛旅游网首席技术官
背影哥	美腿团团长
俞　渝	当当网董事长
张建国	人瑞集团 CEO
岳　浩	推一把网络营销学院院长
肖文杰	分期乐、桔子理财创始人兼 CEO
成君忆	管理学专家
卢菲菲	体验式全脑记忆法创始人
舒　为	社交应用 Civo 创始人、“造作”品牌 CEO
刘成城	36 氪联合创始人兼 CEO
刘思宇	北京天使街网络科技有限公司联合创始人
肖　震	电商讲师
秦　涛	随身云（南京）信息技术有限公司总经理
李　岩	本香本册主题连锁创始人
石金瑞	思盟网络营销学院创始人

牟家和	知家股份创始人、ZMO 企业自媒体联盟发起人
湛　宇	用户体验设计专家
徐立广	水木三秋创始人
王乐强	福宝贝手工幼教中心创始人
陈　桥	北京联合优至科技有限责任公司副总经理
张　阔	阿里巴巴中小企业国际贸易事业部联席总经理
李静怡	阿里云栖小镇运营负责人
刘水音	易校教育科技有限公司 CEO
孙铁里	麦尚银有限公司总经理
苏　峥	天津市武清区泗村店镇后庄村“村淘”村级服务站合伙人
林大亮	微信海副总裁、极盟创始人
樊　琴	麦肯锡健康创始人、CEO
程子婴	赛伯乐红杉教育投资合伙人
姚　毅	铅笔道合伙人
孙　萌	小微律政律师合伙人
杨兴兵	北京瑞泰公司合伙人
曹　霞	北京行知探索文化发展集团副总裁
徐常亮	新华智云联席 CEO
包不同	财经专家
丛永罡	复星新技术与新经济产业集团副总裁
董经贵	雅迪科技集团董事会主席兼总裁
唐振华	真格教育产业基金副总裁
迟宇宙	商业人物新媒体创始人
徐天牧	茉莉社区创始人
王肇辉	如川资本创始人
张一甲	科技智库甲子光年创始人、CEO
赵博思	创头条总编辑
马宇驰	三角兽创始人、董事长、COO
乔会君	洪泰智造 CEO